Maria Theresia Bitterli

COSTELLAZIONI RELAZIONALI

Strumento di lavoro individuale e di gruppo

Prima edizione 2019

© M. Th. Bitterli und D. G. Bordoli

studioishvara@hotmail.com

Herstellung und Verlag:

BoD – Books on Demand,

Norderstedt

ISBN: 9783746082547

Le relazioni umane crescono

nella libertà,

nella luce e

nell'amore.

Ishvara

Sommario

COSTELLAZIONI RELAZIONALI

Prefazione

Le Costellazioni relazionali sono nate dall'unione creativa e fruttuosa delle Costellazioni familiari, dell'improvvisazione teatrale e della drammaterapia. Si tratta di una tecnica innovativa che porta la persona ad una maggiore consapevolezza delle emozioni bloccate e di quei legami familiari e relazionali inconsci che irretiscono e condizionano la vita presente, limitandone il sano sviluppo. Le Costellazioni relazionali sono un metodo che trasforma in azione scenica i vissuti personali e le immagini simboliche. Applicando l'arte dei giochi di ruolo, oltre ad una presa di coscienza delle dinamiche cristallizzate delle nostre relazioni e dei motivi inconsci di sofferenza, è anche possibile uscire dai soliti ruoli e immedesimarsi in una nuova e più vera identità, dando voce alle parti più sofferenti di sé ma anche a quelle più sagge e creative. Ciò permette di proiettare i propri desideri, i propri progetti, la propria missione, le proprie vere e sane emozioni in un futuro ancora tutto da realizzare, ma libero da ogni condizionamento inconscio. Le Costellazioni relazionali sono molto efficaci nei momenti di difficoltà nella nostra vita, permettendo di individuare e sperimentare fin da subito la liberazione da disagi e conflitti.

Le caratteristiche fondamentali delle Costellazioni relazionali sono il lavoro di gruppo, la comunicatività, la spontaneità poiché gli attori non hanno neppure la conoscenza di cosa faranno i loro compagni in scena e che cosa succederà. Importante è sapersi mettere in gioco e adattarsi alle situazioni impreviste che si possono verificare durante le messe in scena. Con il metodo delle Costellazioni relazionali è possibile non solo andare a individuare certi comportamenti malsani, ma anche a scoprirne le cause, accettarle e affrontarle in modo sempre più consapevole. In tal modo si getta una luce chiarificatrice sulle dinamiche, anche le più nascoste e le più inconsce, presenti nella nostra famiglia e nelle nostre relazioni umane e si possono aprire orizzonti di serenità e realizzazione piena nella nostra vita.

Le Costellazioni relazionali solitamente si svolgono in gruppo. È possibile comunque mettere in scena delle Costellazioni anche in sedute individuali usando delle carte, dei pupazzi, disegni, ecc.

La persona che vuole lavorare su di un tema particolare, dopo una breve intervista focalizzata alla soluzione che serve ad individuare che tipo di Costellazione e quali elementi mettere in scena, sceglie intuitivamente, all'interno del gruppo, una persona che la rappresenterà nella Costellazione e alcune persone che rappresenteranno gli elementi di base della situazione considerata. A questo punto si collocheranno questi rappresentanti secondo una certa disposizione spaziale (la "messa in scena" della costellazione) in base al proprio sentire. Tale disposizione renderà visibili le dinamiche del problema svelando la qualità delle relazioni interne al sistema. Ogni rappresentante canalizza nel campo di energia informazioni che fino a quel momento erano invisibili sebbene molto attive nel sistema familiare e relazionale. Così, si possono percepire le identificazioni, i diversi schemi e dinamiche e le esclusioni, si possono riallacciare dei legami, dei segreti emergono, le persone ritrovano la loro disponibilità affettiva e quindi il loro posto e il loro ruolo nel sistema. A questo punto il cliente si siede e guarda cosa succede mentre la guida intervista i rappresentanti rispetto a come si sentono. L'intervento della guida consisterà poi nell'aiutare a ricollocare i rappresentanti nello spazio allo scopo di proporre un'immagine possibile della soluzione e nel suggerire alcune frasi rituali.

Le interazioni avvengono soprattutto attraverso l'esperienza diretta dei rappresentanti e non tramite l'interpretazione o processi cognitivi dando così la possibilità al cliente di sperimentare una consapevolezza profonda e sensoriale della soluzione rappresentata in scena. A poco a poco un nuovo ordine appare nella famiglia attuale. Solo a Costellazione quasi ultimata il cliente prenderà il suo posto per sperimentare le sensazioni positive legate allo "spazio della soluzione", dopodiché la Costellazione terminerà con l'augurio di un nuovo inizio. Quest'alchimia aiuta a ristabilire dei legami, di riposizionare dei sentimenti, di aprirsi e di accettare il passato, libera la persona e permette un nuovo sguardo sugli ascendenti e sui discendenti e la propria vita.

Questo libro è basato principalmente su un nuovo modo di lavorare con le Costellazioni. Oltre le Costellazioni familiari, si usano la tecnica dell'improvvisazione teatrale e la drammaterapia come preparazione e fondazione del gruppo. Questo aiuta i partecipanti ad affrontare le Costellazioni in modo più rilassato e sereno, aiuta a sdrammatizzare e ad affrontare le difficoltà e i disagi in modo più leggero.

Nella prima parte del libro parlerò delle relazioni umane valide nell'improvvisazione teatrale e nella drammaterpia, nella seconda parte troverete elencati tanti esercizi di riscaldamento, giochi e altre tecniche d'improvvisazione teatrale e drammaterapia raccolte in tanti anni d'esperienza. Nella terza parte vi presenterò la tecnica delle Costellazioni relazionali di gruppo per lavori individuali e collettivi, dove si lavorerà con l'albero della vita e le carte di Ishvara create da Dawio, mio marito, e da me. L'insegnamento che trovate in queste carte è stato canalizzato da noi. Tutto il materiale che trovate in questo libro è il frutto di tanti anni di ricerche ed esperienze teatrali e di costellazioni.

Il libro ha una parte teorica e una parte pratica e si può usare per consultarsi e per trovare delle nuove ispirazioni e idee creative e costruttive per il lavoro individuale e di gruppo.

PRIMA PARTE

L'importanza del rapporto umano valido nell'Improvvisazione teatrale e nella drammaterapia

Introduzione

Questa parte è incentrata sull'importanza dei rapporti umani nell'ambito dell'improvvisazione teatrale e della drammaterapia. L'idea di sviluppare questo argomento nasce dal mio desiderio di migliorare la capacità di comunicare nei rapporti umani, in particolare con i partecipanti ai gruppi d'improvvisazione teatrale che gestisco da quasi vent'anni.

Già da bambina adoravo recitare davanti ai miei fratelli. Mettermi in scena imitando persone e situazioni strane della vita era uno dei miei passatempi preferiti. Questo argomento mi affascinava ancora nell'età dell'adolescenza: spesso mi sedevo su una panchina osservando le persone che passavano e scrivevo le emozioni che mi trasmettevano. Cercavo di leggere nei loro volti i loro pensieri. Intuitivamente e spontaneamente scrivevo sul mio quaderno tutto ciò che mi veniva in mente. Mi resi conto da subito che vedevo tante maschere che interagivano tra di loro. Mi trasmettevano spesso tristezza e angoscia. Non so se era un mio vissuto o erano veramente così. Probabilmente entrambe le cose.

Solo a 28 anni, dopo il mio divorzio, si risvegliò in me di nuovo la grande passione per il teatro e per l'essere umano. In questo triste momento della mia vita avevo deciso di seguire una formazione teatrale che mi obbligava a lavorare su me stessa. La vita famigliare mi aveva resa molto chiusa e timida e il divorzio mi aveva lasciato dei segni. L'esperienza teatrale mi aiutò ad espormi di nuovo in modo costruttivo e senza paura. Imparavo a usare in modo giocoso e consapevole diverse maschere che mi aiutavano nel contatto umano. Le maschere mi proteggevano e rendevano più semplice affrontare la nuova dura realtà. Mi sentivo molto attratta dal gioco e dalla spontaneità dell'improvvisazione teatrale.

Pitruzzella descrive molto bene che cos'è l'improvvisazione teatrale:[1] "L'improvvisatore deve saper improvvisare: deve quindi sviluppare qualità d'inventiva, spontaneità, immaginazione che gli consentono di dare corpo alle storie che nascono dalle interazioni collettive in scena, e qualità di attenzione,

---

[1] Pitruzzella Salvo, Persona e soglia, Armando editore, Roma, 2003.

intuizione ed empatia che gli consentano di partecipare produttivamente al processo creativo di gruppo. Deve saper correre il rischio di avventurarsi in un'azione senza poterne anticipare gli svolgimenti, il rischio di sbagliare e andare oltre i propri errori."

Così ho deciso di approfondire questa tecnica e a 35 anni iniziai a proporre dei corsi. Notavo però con il tempo che questo metodo aveva anche dei limiti. All'interno dei miei gruppi mi confrontavo con persone in difficoltà che rendevano complesse le relazioni. Essendo una persona responsabile, sensibile e molto curiosa avevo perciò deciso di studiare una nuova forma di teatro, più "terapeutica": la drammaterapia. Questa formazione mi dava gli strumenti giusti per gestire meglio certe problematicità nei gruppi. Ho colto in me stessa la forza e la potenza dei cambiamenti relazionali che mi aveva offerto la drammaterapia. Attraverso l'esecuzione di esercizi concreti legati all'espressione libera e spontanea della drammaterapia riacquisii finalmente più sicurezza nel lavoro.

Per fare teatro ed esprimere il bello ed il vero del sentire è necessario utilizzare sia la tecnica d'improvvisazione teatrale che le competenze del Counseling relazionale. Il Counseling rappresenta oggi una tematica di grande interesse nelle professioni d'aiuto. La professione di counseling offre la possibilità di aiuto all'interno di un percorso individuale o di gruppo, sviluppando una crescita che permetta di riscoprire le proprie risorse. La relazione di aiuto si basa soprattutto sull'empatia, l'ascolto attivo e l'accettazione positiva e incondizionata del cliente e tende al miglioramento dei rapporti umani.

Con le nuove competenze e abilità (skill) acquisite nel Master in Counseling Relazionale (empatia e ascolto attivo) ho potuto migliorare le relazioni in vari campi: lavoro, famiglia, coppia e quotidianità. In questo percorso ho potuto ampliare la mia capacità di vedere me stessa e la realtà che mi circonda come se indossassi degli occhiali multifocali per guardare. Con un nuovo bagaglio di conoscenze acquisite riesco ad aiutare gli altri mettendomi sempre di più nei loro panni, ascoltando attentamente con curiosità e interesse le loro difficoltà.

L'improvvisazione teatrale con le nuove conoscenze acquisite nel Master in Counseling relazionale può divenire quello spazio e quel tempo in cui incontrare noi stessi, esprimere le nostre emozioni, confrontarci e rapportarci con gli altri membri del gruppo, al fine di ritrovare un nuovo equilibrio attraverso dei rapporti umani.

Nella prima parte di questo capitolo approfondirò il tema del rapporto umano valido, delle sue origini e del suo sviluppo e nel passarne in rassegna gli aspetti teorici e pratici, mi soffermerò in particolare sulla comunicazione verbale e non verbale, l'empatia, l'ascolto attivo e la capacità di relazionarsi con gli altri nell'ambito dell'improvvisazione teatrale quale luogo protetto che fa da trampolino verso il mondo esterno.

Nella seconda parte affronterò l'esperienza pratica con le maschere neutre nell'improvvisazione teatrale attuata con un piccolo gruppo nel maggio del 2017. In questo contesto ognuno ha sviluppato liberamente il tema della maschera interagendo con gli altri attraverso la sua visione del mondo ed imparando a gestire il corpo nello spazio in modo spontaneo e libero. È mia intenzione infine esplorare le connessioni tra processo creativo e gruppo per comprendere meglio gli altri e migliorare la comunicazione all'interno del gruppo.

Mi concentrerò, quindi, sull'importanza del rapporto umano valido nell'improvvisazione teatrale.

CAPITOLO I

1. Il rapporto umano valido

È importante coltivare le relazioni interpersonali e la capacità di comunicare con gli altri: la varietà dei contatti, ma soprattutto la qualità delle relazioni è di fondamentale importanza per crescere con un bagaglio ampio di possibilità. L'essere umano, nascendo da un rapporto di desiderio, tende naturalmente a entrare in relazione; nella società moderna, però, stiamo assistendo ad una sempre crescente difficoltà ad instaurare rapporti non conflittuali. Questo indica quanto siano importanti spazi di condivisione e di scambio come ad esempio un corso d'improvvisazione teatrale.

Gli esseri umani, infatti, ricercano rapporti e realtà corrispondenti ai propri bisogni, desideri ed esigenze.

Per rapporto valido s'intende una relazione non conflittuale che è basata su uno scambio di affetti e sulla capacità di ascoltare e comunicare empaticamente, qualità umane che tutti possediamo fin dalla nascita. Vivere un rapporto non conflittuale significa arrivare a vivere sé stessi come realtà materiale e non materiale. Il riconoscimento di noi stessi oltre il materiale, cioè affetti, desideri e qualità, ci consente di esprimerci al meglio in tutti gli ambiti della vita, ci aiuta a togliere le distanze che ci allontanano dagli altri e che non ci rendono empatici.

L'espressione del proprio mondo affettivo e l'accettazione di quello altrui porta le persone ad esprimere sé stesse e la propria creatività, porta a proporre rapporti umani validi ed a crescere al loro interno. Un rapporto empatico e una comunicazione vera sono il frutto di una comprensione totale che porta chi ascolta verso il mondo di chi parla ed allo stesso tempo avvicina chi parla al mondo di chi ascolta.

1.1 Comunicazione verbale e non verbale

Quello della comunicazione può essere definito l'elemento originario della coesistenza, delle relazioni e delle interazioni umane ed è quindi antico quanto la civiltà. Il termine comunicazione deriva dal latino cum = con, e munire = legare, costruire, e da communico = mettere in comune, far partecipare. Comunicare significa condividere, "mettere qualcosa in comune con gli altri", "far conoscere". La comunicazione può essere verbale (che usa le parole) o non verbale (che usa gesti, espressioni, immagini, suoni, colori...). C'è un rapporto molto stretto tra comunicazione e relazioni umane. Una delle teorie più notevoli in merito, fu elaborata dalla Scuola di Palo Alto: "Ogni comunicazione ha un aspetto informativo, di contenuto e un aspetto di "comando", di relazione. Ed è questo secondo aspetto che imprime una forma al contenuto, che ne definisce il significato metacomunicazione"[2]. Qualsiasi comunicazione presenta questo doppio aspetto di contenuto e di relazione. Un esempio di comunicazione e metacomunicazione è quello in cui un'affermazione verbale è contraddetta da un non verbale, che è la metacomunicazione. In questo caso si ha una comunicazione nella comunicazione. Il carattere metacomunicativo del piano della relazione è dovuto al fatto che la relazione che c'è tra due interlocutori ci fa capire se la frase "sei bravissima" è un complimento

---

[2] Watzlawick P., Beavi J. H., Ferretti M., Pragmatica della comunicazione umana, Studio dei modelli interattivi, delle patologie e dei paradossi, Astrolabio, Roma, 1967.

o sarcastica. Questo assioma suggerisce che in ogni atto comunicativo vi sia un'informazione che viene trasmessa, ovvero un messaggio ed un comportamento, quindi il modo in cui il messaggio viene comunicato che definisce la relazione tra i comunicanti.

Secondo Claude Shannon e Warren Weaver[3] (la loro teoria fu elaborata nel 1949) la comunicazione è trasmissione d'informazioni. Il loro schema prevede: fonte ➔ codifica ➔ canale ➔ decodifica ➔ destinazione.

Dobbiamo a Roman Jakobson[4] la teoria delle funzioni del linguaggio verbale dei 6 elementi fondamentali.

---

[3] Shannon C., Weaver W., La teoria matematica della comunicazione, Etas Libri, Milano, 1971.
[4] Jakobson R., Saggi di linguistica generale, Feltrinelli, Milano, 1966.

Jakobson assegna a ciascun elemento del processo comunicativo una particolare funzione comunicativa che si manifesta nelle forme e nei contenuti del messaggio secondo questo schema:

Mittente ➔ Funzione Emotiva

Contesto ➔ Funzione Referenziale

Messaggio ➔ Funzione Poetica

Contatto ➔ Funzione Fàtica

Codice ➔ Funzione Metalinguistica

Destinatario ➔ Funzione Conativa

La funzione emotiva corrisponde all'atteggiamento dell'emittente riguardo ciò di cui sta parlando. La funzione referenziale concerne il rapporto tra il messaggio ed il mondo, e indica che un messaggio parla di qualche cosa. La funzione poetica concerne l'organizzazione interna, e riguarda il modo in cui esso è realizzato e strutturato. La funzione fàtica riguarda quella parte della comunicazione che controlla il contatto (canale) attraverso cui si stabilisce la comunicazione. La funzione metalinguistica consiste nel parlare del codice in comune durante la comunicazione tra mittente e destinatario nella grammatica di una lingua. La funzione conativa, infine, esprime in messaggio la tendenza ad avere degli effetti che non si limitano alla pura comprensione linguistica sull'emittente.

La comunicazione, però, non è solo il passaggio di un messaggio da un emittente a un ricevente, ma lo scambio di un rapporto umano. L'uomo si realizza quando può rapportarsi liberamente, ed espandere così la propria creatività a seconda del grado di spontaneità che può esprimere.

Il linguaggio verbale rappresenta il canale con il quale riusciamo a comunicare in modo più rapido per sapere l'altro cosa pensa, immagina o percepisce. Ogni comportamento verbale e non esprime qualcosa e, quindi, non è possibile non comunicare. La comunicazione è la somma delle due componenti messaggio verbale e non verbale. La scuola di Palo Alto[5], nelle persone di Gregory Bateson, Paul Watzlawick, Janet Helmick Beavin, Don D. Jackson ed altri, negli anni Sessanta, fissò una serie di nozioni teoriche elaborate a partire dalla sperimentazione sul campo e definì la funzione pragmatica della

---

[5] Watzlawick P., Beavin J. H., Ferretti M., Pragmatica della comunicazione umana, Studio dei modelli interattivi, delle patologie e dei paradossi, Astrolabio, Roma, 1967.

comunicazione, vale a dire la capacità di provocare degli eventi nei contesti di vita attraverso l'esperienza comunicativa, intesa sia nella sua forma verbale che in quella non verbale.

Il linguaggio non verbale serve a colorare ed è un contributo essenziale della comunicazione. I sistemi non verbali influenzano in modo deciso i modelli relazionali e sono in parte appresi dalla propria cultura di appartenenza. La comunicazione non verbale riguarda l'impostazione della voce e della gestualità, la regolazione della mimica facciale, dello sguardo e della postura, ma soprattutto l'espressione o meno di una congruenza con quanto espresso verbalmente.

Nell'improvvisazione teatrale s'impara non solo a percepire e conoscere meglio sé stessi e gli altri, ma anche a migliorare l'abilità di espressione corporea e vocale. Nel teatro possiamo esprimere liberamente la nostra creatività incontrando l'altro in uno spazio protetto.

"Il teatro è un incontro. La partitura dell'attore è costituita da componenti di contatto umano: "dare e prendere". Prendere gli altri, stabilire un confronto con sé stessi, con la propria esperienza ed i propri pensieri, e dare una risposta. In queste convergenze umane piuttosto intime, si stabilisce sempre questo elemento "dare e prendere". Il processo viene ripetuto ma sempre hic et nunc {...}" ("Per un povero teatro", J. Grotowski)[6]

---

[6] Grotowski J., Per un povero teatro, Alexander Verlag, Berlin, 1970, pag. 243.

Ogni persona associa a determinate parole dei sentimenti e dei vissuti che appartengono alla sua storia. Ognuno ha creato dentro di sé delle immagini-ricordo legate a delle specifiche parole. Ci sono delle parole che ci toccano di più e altre meno a seconda del nostro vissuto. Le parole dette con affetto non solo parlano, ma vedono, sentono e comunicano profondità che possono dare senso e vita nuova. Il linguaggio degli affetti è un linguaggio "compassionevole", non è "mascherato" dalla razionalità e da un sapere astratto e teorico che talvolta viene utilizzato per mettere una distanza dagli altri e non per entrare in un rapporto umano valido.

Martin Buber afferma:[7] "Nella conversazione autentica il rivolgersi al compagno avviene in tutta

---

[7] Poma Andrea (a cura di), Il principio dialogico e altri saggi, pag. 311., Edizioni San Paolo s.r.l., Jerusalem, 1991.

verità, come rivolgersi dell'essere. Tutti coloro che parlano intendono colui, o coloro, a cui si rivolgono come questa particolare esistenza personale. In tale contesto intendere qualcuno significa, nella misura possibile in quel momento a colui che parla, rendere l'altra presenza. I sensi, che sperimentano, e la fantasia reale, che completa quando i sensi hanno sperimentato, agiscono all'unisono per rendere l'altro presente come totalità e individualità, cioè proprio come questa persona. Ma colui che parla non percepisce solo colui che gli si è fatto presenza, lo assume come suo interlocutore, e ciò significa che egli conferma, per quanto è in suo potere, quest'altro essere. Il vero rivolgersi del suo essere all'altro implica questa conferma, quest'accettazione. Naturalmente ciò non vuole dire affatto che tale conferma sia già approvazione; ma, per quanto io possa essere contro l'altro, nella misura in cui l'ho assunto come interlocutore di una conversazione autentica, ho detto sì a lui in quanto persona."

Nella comunicazione è possibile anche usare le metafore. Il termine metafora proviene dalla lingua greca e significa letteralmente "trasportare, portare oltre". La metafora corrisponde a una figura retorica che implica un trasferimento di significato ed è paragonabile a una similitudine abbreviata, per la quale a un termine proprio si sostituisce un altro termine legato al primo da un rapporto di somiglianza. Una metafora è un mezzo di rappresentazione di un pensiero, di un concetto, di un'associazione d'idee. Si può descrivere la vita come "un grande palcoscenico". Qualunque sia la metafora, rappresenta un efficace strumento di comunicazione per trasmettere i nostri valori. Quando comunichiamo metaforicamente, influenziamo notevolmente una conversazione dal nostro punto di vista e anche da quello dell'interlocutore. Attraverso una metafora come ad esempio "mia madre fa sempre un gran teatro per ogni cosa che vorrei fare", si cerca di sdrammatizzare il modo di essere della propria madre che, per una figlia o un figlio che vorrebbero fare le proprie scelte di vita, potrebbe sembrare frenante e pesante. Parlando con un interlocutore usando questa metafora, si trasmette l'idea di una tipica madre preoccupata per i propri figli. L'interlocutore viene condizionato e avrà un'immagine di una madre che fa un dramma per ogni scelta della propria figlia o proprio figlio.

Poter comunicare con le parole vuol dire avere dentro di sé le immagini delle parole emesse. Sono gli occhi che ci permettono di vedere per poi ricreare le immagini dentro di noi.

L'individuo è l'integrazione di tre parti: intelligenza, corpo e mondo affettivo. Se andiamo oltre quella realtà esterna (corpo), e gli occhi non si fermano alla realtà fisica, insieme alle orecchie che ascoltano, saremo in grado di recepire non solo le informazioni, ma anche quello che si vuole comunicare al di là delle parole.

Ascoltare la storia di un essere umano è un viaggio verso la scoperta di possibilità e desideri a volte dimenticati anche da chi li racconta. Ogni parola usata non è mai casuale, perché è scelta dall'individuo che la utilizza per raccontare la propria storia. È quindi molto importante l'ascolto attivo per cogliere il significato nascosto dell'atto comunicativo, oltre il puro significato letterale. Accogliendo, ascoltando e comprendendo l'altro possiamo realizzare un rapporto basato sull'interesse reale ed empatico. Capire l'altro significa sentire cosa prova senza giudicarlo, ma al contrario accogliendolo nei suoi dubbi, nelle sue paure e nelle sue speranze.

Nell'improvvisazione teatrale siamo continuamente in confronto con ciò che non conosciamo, l'improvviso per l'appunto; recuperare le proprie capacità di rapporto è perciò l'unica strada per ridurre le nostre paure ed aprirci più facilmente al nuovo.

Il cambiamento si collega alla separazione da ciò che conosciamo e che ci dà in un certo senso "sicurezza ".

Il cambiamento ci fa andare in crisi perché pensiamo

di perdere qualcosa o qualcuno. Il cambiamento ci invita a trasformarci. Affrontare la crisi, viverla e riconoscere i propri punti di forza e debolezza ci fa ritrovare la nostra storia e la possibilità così di integrare il nuovo con il già esistente.

1.2 Comunicazione ed empatia

La capacità di ascoltare in modo empatico e comunicare affettivamente è una qualità umana che tutti possediamo.

Per empatia intendiamo la capacità di comprendere lo stato d'animo altrui attraverso un forte legame interpersonale e sentire l'altro senza confondersi con lui, ma ascoltandolo e accogliendolo. È importante saper accettare i racconti e le esperienze dall'altro senza giudizio, riconoscendo l'altro nella sua totalità e unicità.

Le più grandi barriere della comunicazione sono secondo Carl Rogers, psicologo statunitense degli anni '40, il giudizio e l'incapacità di saper ascoltare. Egli afferma che "la tendenza a giudicare gli altri è la più grande barriera della comunicazione e della comprensione"[8] e "l'incapacità dell'uomo di comunicare è il risultato della sua incapacità di ascoltare davvero ciò che viene detto."[9]

Ascoltare davvero l'altro significa dedicargli attenzione e partecipazione, cercando di comprendere il suo punto di vista.

---

[8] Rogers Carl, La terapia centrata sul cliente, Giunti Editore, Firenze, 2013.
[9] Rogers Carl, La terapia centrata sul cliente, Giunti Editore, Firenze, 2013.

Nella vita siamo spesso a confronto con la diversità. Per poterci rapportare è fondamentale riuscire a liberarci dagli stereotipi. Utilizzare come scorciatoia mentale l'ipotesi che, chi rientra in una determinata categoria avrà probabilmente le caratteristiche proprie della categoria stessa, vuol dire mettere in atto un pregiudizio. Utilizziamo quotidianamente stereotipi e pregiudizi nelle nostre relazioni. I modelli culturali che ci guidano diventano dei codici d'interpretazione che possono facilmente creare incomprensioni.

L'unica caratteristica che tutti gli esseri umani hanno in comune è proprio la diversità. La capacità di comunicare in modo non conflittuale è strettamente collegata alla capacità di vedere oltre l'apparenza, non coprendo l'altro con contenuti che non gli appartengono. Questo ci consente di accettare ed accogliere l'altro nella sua individualità e nella sua diversità. Elementi non in comune diventeranno a questo punto arricchimento di conoscenza umana e, dunque, trasformazione.

Nell'improvvisazione teatrale si opera anche con queste etichette o schemi mentali. Si cerca di sdrammatizzare comportamenti e pregiudizi mettendoli in scena in modo scherzoso e usando la pratica dello specchio. Questa tecnica consiste nel porre il protagonista fuori dalla scena che ha costruito, in posizione di osservatore della scena stessa, che viene interpretata da altri membri del gruppo. In tal modo può vedersi da fuori, in modo distaccato. Ciò invita il protagonista a riflettere sui propri comportamenti ed eventualmente a trasformarli.

Non riusciremo mai a capire una persona se non cercheremo di vedere le cose anche dal suo punto di vista. Un atteggiamento empatico ha una grande influenza nelle nostre relazioni. Riuscire a intuire l'altro nella sua interezza senza giudizio è quel ponte che ci conduce verso il mondo degli affetti e delle esigenze altrui. Entrare in sintonia con gli altri consente di entrare affettivamente in contatto con la parte umana dell'altro.

1.3 Comunicazione e Ascolto attivo

Senza ascolto non può esserci comunicazione!

Per ascolto attivo intendiamo la capacità di ascoltare con elevato grado di attenzione e partecipazione comunicativa il linguaggio verbale e non verbale dell'altro. L'ascolto attivo si basa inoltre sulla creazione di un rapporto positivo e di un clima non giudicante.

Noi esprimiamo le nostre emozioni e la nostra affettività preferibilmente attraverso il linguaggio corporeo, quindi se un individuo ci dice qualcosa con le parole che non è in armonia con gli altri canali di comunicazione, siamo in grado di percepirlo. Questo modo di ascoltare ci consente di conoscere anche quello che non viene espresso verbalmente e ci permette di creare un'immagine, un'idea o una rappresentazione interna più chiara dell'altro. È molto più importante capire e sentire il valore e il senso reale della comunicazione che limitarsi al significato superficiale delle parole. Questo ci permette di entrare in rapporto. Avendo guadagnato la fiducia dell'altro, è anche più facile essere sé stessi: si può dialogare in modo più trasparente e spontaneo senza sentirsi giudicati. Possiamo spingere l'altro a mostrarsi senza maschere e ad essere autentico. Essere autentico significa rivelarsi all'altro e mostrare anche le proprie debolezze e i propri difetti, divenendo così più vulnerabili. Sentire il calore, l'interesse e la vicinanza dell'altro ci fa sentire valorizzati.

Anche il silenzio è comunicazione. Non bisogna pensare che in questo caso una persona non stia comunicando, ma chiedersi piuttosto cosa sta comunicando con il suo silenzio. Il silenzio non significa assenza di parole, ma ci invita a impegnarci ad andare oltre, entrare in sintonia con la persona e cogliere quello che ci sta comunicando. Il silenzio può anche metterci in imbarazzo, rappresentare resistenza al voler entrare in relazione con l'altro ed essere segno di conflitto.

Il silenzio può creare quelle premesse di ascolto e di reciprocità autentiche. Alla base di ogni relazione c'è lo scambio fondamentale, dove ci si mette in gioco e ci si apre reciprocamente. In questa relazione diviene l'unità in cui due organismi s'identificano e socializzano con un altro essere oppure una certa incapacità di farlo.

È abbastanza facile offendere qualcuno, specialmente chi non si conosce bene. Non sempre le parole esprimono le reali intenzioni. A volte vengono pronunciate parole infelici quando invece non vi era la volontà di farlo. Non è quindi sempre facile essere dei signori della parola. Il proverbio "Il silenzio è d'oro, la parola d'argento" mi sembra molto appropriato in questo caso. Il silenzio è per alcuni un sollievo, per altri un tormento. Scrittori e pensatori di ogni tempo hanno detto le loro su questo argomento. Le parole devono essere poche e ben scelte. Chi desidera parlare sempre, facendo discorsi su tutti gli argomenti, giudicando tutto e tutti, più facilmente sbaglia e offende. Si dimostra sapiente, chi sa controllare la propria lingua e parla solo quando c'è bisogno. Il silenzio aiuta a riflettere su quello che si dice e come lo si dice, ed è indice di persona matura. Chi sa tacere, parla con sé stesso e ascolta con il cuore. Chi sa tacere, evita danni che invece provoca chi parla troppo. Il rispetto del silenzio è anche uno dei modi per dare all'altro la possibilità di potersi esprimere secondo i suoi ritmi e le sue modalità.

Spesso e volentieri non riusciamo a capire quando è opportuno parlare e quando è meglio tacere. Ci sono delle situazioni nella vita dove le parole mal riposte possono peggiorare la relazione. Capire il momento giusto di tacere è una vera arte. Siamo chiamati a essere più empatici e in un certo senso diplomatici verso gli altri per non creare dei malintesi.

Nell'improvvisazione teatrale attraverso un percorso di esercizi e rappresentazioni, i partecipanti imparano a conoscere meglio e migliorare proprie caratteristiche quali l'ascolto attivo, il mettersi in gioco e al servizio del gruppo, l'accettazione della proposta dell'altro, il gioco di squadra e la fiducia. Le dinamiche vertono sull'ascolto di sé stessi e degli altri, sul confronto e sulla collaborazione e rappresentano un'ottima metafora della vita e dell'interazione tra sé e gli altri: sono momenti in cui s'impara a relazionarsi gli uni con gli altri divertendosi ed esprimendo le proprie emozioni generando un cambiamento efficace e, talvolta, oltre le proprie aspettative. Il lavoro sull'improvvisazione aumenta le potenzialità del singolo e del gruppo sviluppando la fantasia e aumentando l'ascolto e la condivisione.

Migliorando le capacità relazionali nel gruppo dell'improvvisazione teatrale attraverso lo sviluppo della capacità di empatia e ascolto attivo, possiamo creare rapporti umani validi caratterizzati da un clima disteso in cui l'altro si possa sentire compreso ed ascoltato senza essere giudicato e portare questa nuova dimensione anche al di fuori dal teatro.

1.4 La capacità di un rapporto umano valido

La comunicazione è la capacità di relazionarsi con gli altri in maniera affettiva e senza giudizio.

Prima di nascere, ciascun essere umano sapeva amare ed essere amato. Ciascun individuo è nato perché nove mesi prima della sua nascita, qualcuno ha avuto il desiderio di un rapporto e da quel rapporto è stato concepito un essere umano. Prima ancora di nascere il feto ha realizzato una relazione umana totalmente e completamente corrispondente ai propri desideri in questo ambiente protetto, all'interno del quale i bisogni materiali legati al nutrimento e le esigenze legate alla realtà affettiva venivano soddisfatte.

La nascita, in quanto crisi, interrompe quella situazione di equilibrio e rappresenta una fase di totale trasformazione. L'ambiente in cui il bambino viene al mondo è diverso da quello in cui si è sviluppato: lascia il contatto con il liquido amniotico, si ritrova a contatto con l'aria e con una temperatura inferiore rispetto a quella cui era abituato e la luce artificiale che colpisce la sua retina è il primo contatto con un rapporto non umano, che non corrisponde, quindi, affetti.

La luce non soddisfa assolutamente i desideri di rapporto del bambino. L'unico modo per modificare quella realtà troppo aggressiva è chiudere gli occhi. Atteggiamento che viviamo anche da adulti quando incontriamo momenti della vita troppo complessi o spaventosi che ci spingono a chiudere gli occhi perché crediamo di non farcela. Voltiamo le spalle al problema sperando che scompaia.

Ma il bambino non chiude gli occhi per far sparire il problema e la realtà che vive. Il bambino chiude gli occhi e crea in lui la prima immagine, l'espressione del ricordo di un rapporto totalmente corrispondente vissuto in quel liquido amniotico. Questa realtà affettiva come immagine passerà poi attraverso gli occhi ed egli si potrà rapportare con gli adulti significativi. Proprio perché c'è stato quel rapporto, può ora portare con sé quest'immagine come ricordo o punto di forza. Se il proprio mondo affettivo sarà corrisposto, allora sarà sempre in grado di soddisfare desideri, di aprire gli occhi e di crescere.

Ci sono una serie di crisi che ogni bambino deve attraversare per diventare un adulto maturo pronto a sviluppare rapporti umani validi. La chiave dello sviluppo del bambino è il rapporto con adulti validi che sono in grado di capire quali siano le sue esigenze e di aiutarlo a riconoscere ed a realizzare i suoi veri desideri. I suoi desideri veri sono il nutrimento materiale ed immateriale.

L'ingresso nella scuola sarà un momento cruciale per il bambino, perché dovrà per la prima volta condividere con altri coetanei non soltanto i giochi, ma anche l'adulto. La prossima tappa rilevante sarà quella dell'adolescenza. In questa fase si ritroverà "solo" in mezzo a tanti, e come individuo differente cercherà il diverso con il quale instaurare una relazione.

Per scambiare rapporti affettivi con altri esseri umani e crescere in nuovi rapporti viviamo continuamente delle fasi di crisi, dove mettiamo in discussione una struttura presente ed un modo di relazionarci per accedere ad una fase più evolutiva. Ogni crisi ci porta da una situazione attuale conosciuta e meno evoluta ad un'altra nuova, sconosciuta, ma più evoluta, più matura. Ogni crisi è una trasformazione grazie alla quale si raggiunge sempre più autonomia. La prima crisi in assoluto è, quindi, la nascita.

L'individuo e la società sono in stretta relazione tra di loro e per questo s'influenzano reciprocamente. L'individuo ed il gruppo s'influenzano reciprocamente. La società può aiutare l'individuo a crescere.

Rollo May[10] sostiene che "l'influenzamento è un processo che opera prevalentemente sull'inconscio, e una migliore comprensione di esso ci consentirebbe di

---

[10] May Rollo, L'arte del Counseling, Gardnee Press Inc., New York 1991, pag. 59 - 63.

proteggere meglio noi stessi e gli altri dagli effetti insidiosi e nocivi delle diverse ondate di propaganda che aggrediscono la nostra cultura come epidemie." ... "Quando analizziamo qualche caso di forte influenzamento non ci chiediamo perché un individuo abbia avuto tanto potere su un altro, ma piuttosto quali fossero le tendenze presenti nella mente dell'altro, probabilmente nel suo inconscio, che lo hanno predisposto a venire influenzato. Deve esistere una certa predisposizione inconscia a credere, una certa propensione a venire influenzati. Coloro che si adoperano per allontanare i giovani dalle cattive influenze non dovrebbero offrire un'iperprotezione che non funziona mai, ma piuttosto metterli in grado di conseguire normali soddisfazioni e un senso di sicurezza tale che non avvertano il bisogno di credere alle influenze che fanno leva sulle loro tendenze sbagliate."

Ogni essere umano è inserito in un contesto sociale che partecipa alla creazione dell'immagine che un individuo ha di sé stesso. Secondo Erving Goffmann[11] (1922-1982) tutti noi siamo impegnati nel tentare di impersonificare ruoli che rispecchiano i nostri desideri, il nostro Sé ideale. Secondo il suo modello drammaturgico ogni essere umano seleziona con molta cura e attenzione dei "costumi" e cerca di convincere il pubblico delle proprie rappresentazioni, offerte come realtà.

---

[11] Goffmann Erwin, La vita quotidiana come rappresentazione, Società editrice il Mulino, Bologna, 1969, pag. 42.

Un flusso di comunicazione reciproca nasce da chi racconta e trova conferma nell'ascolto dell'altro.

Rollo May[12] afferma che: "Gran parte della comunicazione umana avviene attraverso i piccoli gesti dei quali non siamo consapevoli, le variazioni impercettibili dell'espressione facciale, i lievi trasalimenti all'apparire di pensieri sgradevoli, e il repentino illuminarsi dello sguardo di fronte a un'idea piacevole. L'espressone facciale, variando lungo una gamma infinita di sfumature, riflette, per coloro che sanno leggerla, i pensieri reconditi; e i gesti, anche sotto forma di una postura o di un tormentarsi le dita, sono espressione di stati mentali. In questa espressione non vocale dei nostri simili noi leggiamo molto più di quando non ci rendiamo conto."

---

[12] May Rollo, L'arte del Counseling, Gardnee Press Inc., New York 1991, pag. 55.

Gli occhi rappresentano l'organo fondamentale del rapporto umano ed il loro sviluppo è relazionale. Se riusciamo ad osservare una persona quando parla guardandola negli occhi sapremo vedere il suo mondo affettivo al di là dei concetti espressi.

Se l'essere umano è interessato realmente all'altro, ascolta l'altro realmente (ascolto attivo) e comprende (empatia), crea dentro di sé un'immagine interna (noi umani comunichiamo per immagini) che svela un contenuto non espresso verbalmente, ma che contiene la chiave di lettura di quelle parole.

Dal momento che, invece, non ascoltiamo e non vediamo l'altro come portatore di un proprio mondo affettivo perché lo copriamo con il nostro, nasce il conflitto. Questo tipo di rapporto genera blocco e chiusura. Il conflitto è il risultato di un'impossibilità di comunicare e di entrare realmente in rapporto con l'altro e di vederlo per ciò che realmente è.

Entrambi i partecipanti perdono di vista l'altro, la sua storia, la sua realtà ed in qualche modo sé stessi. Si arriva a un crescendo di fraintendimenti, incomprensioni e cattiva comunicazione, difficile da comprendere, controllare e interrompere.

Il conflitto tra i due partecipanti finisce nel momento in cui uno dei due individui si tira fuori, non partecipa o smette di partecipare. Quest'atteggiamento è un invito ad una trasformazione, una crescita nel rapporto, che tende ad una reale possibilità di comunicazione.

Per riuscire a relazionarci con l'altro in maniera valida, dobbiamo essere quell'adulto valido che ha elaborato la propria storia. Ogni essere umano che ha ritrovato quell'unico e quel diverso dentro di lui potrà accettare l'unicità e la diversità dell'altro.

1.5 L'importanza del rapporto umano valido nell'improvvisazione teatrale

Attraverso l'improvvisazione teatrale creiamo relazioni tra esseri umani, impariamo a lavorare sulle relazioni umane e proviamo a rendere i rapporti umani più rispondenti in modo spontaneo e creativo.

Secondo Brook[13] "l'improvvisazione teatrale mira alla creazione in gruppo di un evento artistico non preordinato e non interamente prevedibile, basandosi

---

[13] In Pitruzzella Salvo, Persona e soglia, Armando Editore, Roma 2003, pag. 17.

su semplici regole d'interazione e di composizione e soprattutto sulla sintonia fra le persone...l'improvvisazione deve saper improvvisare: deve quindi sviluppare qualità d'inventiva, spontaneità, immaginazione che gli consentano di dare corpo alle storie che nascono dalle interazioni collettive in scena, e qualità di attenzione, intuizione ed empatia che gli consentano di partecipare produttivamente al processo creativo di gruppo. Deve saper correre il rischio di avventurarsi in un'azione senza poterne anticipare gli svolgimenti, il rischio di sbagliare e andare oltre i propri errori."

Nell'improvvisazione teatrale quindi s'impara a sviluppare alcune competenze sociali, il sapersi mettere in gioco, l'empatia, l'intuizione, lo spirito d'iniziativa, la consapevolezza, l'espressione culturale ed a gestire lo spazio e il tempo all'interno di un gruppo.

Salvo Petruzzelli[14] afferma che "L'essenza drammatica è un incontro tra persone in uno spazio/tempo che si differenzia dallo spazio/tempo attuale, all'interno del quale qualcuno racconta una storia attraverso azioni e qualcun altro osserva."

Osservare quello che viene messo in scena in uno spazio/tempo sacro e protetto, in un corso d'improvvisazione teatrale, ci aiuta a conoscerci meglio, a essere più empatici verso gli altri ed a sdrammatizzare momenti difficili. Questo ci porta più vicini gli uni agli altri, a sentirci parte di un gruppo e ad

---

[14] Pitruzzella Salvo, Persona e soglia, Armando Editore, Roma 2003, pag. 21.

aprirci di più, partecipando a rapporti validi sempre più veri.

Robert Landy (1995)[15] scrive che "nella vita quotidiana, come nel teatro, le persone o gli attori assumano e giocano Personae o ruoli per esprimere il senso della propria identità e dei propri desideri." La riflessione secondo Pitruzzella[16] è "su come questi ruoli vengono generati, si sviluppano e si articolano interagendo dinamicamente con gli altri, e come questi ruoli s'intessono e si muovono dentro ciascuno di noi descrive un modello di identità e di relazione che

---

[15] In Pitruzzella Salvo, Persona e soglia, Armando Editore, Roma 2003, pag. 22.
[16] Pitruzzella Salvo, Persona e soglia, Armando Editore, Roma 2003, pag. 40.

può aiutare a comprendere la natura del malessere dell'anima, personale e sociale."

L'uomo desidera fortemente raggiungere e costruire una propria identità che gli consenta di esprimere i propri desideri di rapporto e di viverli liberamente all'interno delle relazioni che instaura.

Noi lottiamo per scoprire e conoscere la verità in noi stessi, per strappare le maschere dietro le quali ci nascondiamo giornalmente. Indossare una maschera rende tutto più semplice. Aiuta a nascondere l'identità ed a renderla irriconoscibile. La maschera è la parte di noi che mostriamo agli altri. Quando interagiamo con gli altri, lo facciamo attraverso le nostre maschere.

L'uomo non si realizza veramente, se non quando può esprimersi liberamente, nonostante le barriere sociali che ci implicano di indossare le diverse maschere per interagire e comunicare senza paure con gli altri.

Non potrebbe esistere nessun gruppo se non fosse possibile comunicare, cioè scambiare significati che vengano compresi da tutti. Senza comunicazione non può esistere un gruppo. I gruppi sono una "rete di comunicazione in cui gli individui sono punti nodali intersecati da linee di comunicazione incrociate."(Dalal 1998)[17]

Il percorso di un gruppo d'improvvisazione teatrale prevede principalmente l'iter di un laboratorio

---

[17] Dalal Ferhad, Taking the groupe seriosly: toward a post-foulkesian group analityc theory, the international libery of group analysis, London 1998.

teatrale. Secondo Pitruzzella[18] "Il laboratorio è diverso dalle classiche prove teatrali. Nel teatro tradizionale, si parte da un progetto preciso, che include un testo e un'idea registica. Gli attori sono chiamati a utilizzare la loro competenza (la capacità di recitare), per assecondare ed eventualmente arricchire il progetto. Nel laboratorio, il regista è facilitatore di una ricerca espressiva di gruppo, in cui tutti sono coinvolti in prima persona, Se si parte da un testo, questo è spesso lo spunto per sapere che cosa cercare, e dove cercarlo, ma in ogni caso il lavoro principale è un'impresa di gruppo. Nel laboratorio, la ricerca espressiva verso un modo corretto di comunicare col mondo (che sarà incarnato dal pubblico, con le caratteristiche cui si accennava sopra), va di pari passo con una ricerca

---

[18] Pitruzzella Salvo, Mettersi in scena, Drammaterapia, creatività e intersoggettività, Franco Angeli, Milano 2014, pag. 45.

profonda su sé stessi e sul proprio modo di essere nel mondo. L'attore non è più un tecnico della recitazione, ma l'evocatore di un'esperienza, che egli stesso deve essere disposto a vivere in prima persona e a condividere col gruppo".

Gli esercizi teatrali effettuati in un gruppo d'improvvisazione teatrale, oltre a costituire una sfida ai blocchi di comunicazione, sono anche un efficace metodo per cercare di migliorare quelle disfunzioni nella coordinazione e nell'integrazione di diverse abilità della persona: movimento, sguardo, empatia, parola e percezione dello spazio sono tutti elementi che, combinati, portano a uno svolgimento armonico dell'esercizio.

Nell'improvvisazione teatrale s'impara a crescere nelle relazioni ed a sviluppare l'innata capacità comunicativa con gli altri per, infine, creare dei rapporti umani validi, dapprima in un gruppo teatrale che è più protetto per poi portarli nella vita quotidiana.

CAPITOLO 2

2. Progetto d'improvvisazione teatrale: la Maschera Neutra smaschera

Prima di parlare del mio progetto vorrei ancora introdurre alcune informazioni teoriche. L'improvvisazione teatrale è una forma di teatro dove gli attori non seguono un copione definito, ma inventano il testo improvvisando estemporaneamente caratteristiche fondamentali quali il lavoro di gruppo e la comunicatività, poiché gli attori non hanno neppure la conoscenza di cosa faranno i loro compagni in scena. Fondamentale è anche saper prendere decisioni, ovvero l'adattamento alle situazioni impreviste che si possono verificare durante la messa in scena.

Nel 1950 l'americana Viola Spolin influenzò direttamente la nascita dell'improvvisazione teatrale. Suo figlio Paul Sills continuò poi a svilupparlo: egli è il creatore, insieme a David Shepherd, della prima compagnia d'improvvisazione teatrale a Chicago, i cosiddetti "Compass Players" (1955). La grande novità che introduce la Spolin,[19] è il gioco teatrale per fini drammatici. Concetti ancora oggi centrali nell'insegnamento e nello sviluppo dell'improvvisazione teatrale sono l'assenza di errori, l'uso dei suggerimenti del pubblico, la spontaneità vista come momento di massima libertà personale, la scoperta da parte dell'allievo di regole non precostituite in una scena, il problem solving ("dare problemi per risolvere problemi"), ecc..... Secondo

---

[19] In Asso P. (a cura di), Esercizi e improvvisazioni per il teatro, Dino Audino, Roma, 2005.

Spolin "Tutti possono recitare. Tutti possono improvvisare. Chiunque lo desideri, può giocare in teatro (play in the theatre) ed essere consapevole del palco.[20] Questo perché il valore dell'esperienza è centrale nella filosofia di Viola Spolin. L'esperienza è il vero insegnante, tutti impariamo dall'esperienza diretta (e dagli errori). Il concetto di esperienza è talmente importante che va a influenzare direttamente l'idea di talento. Il talento si coltiva ampliando le possibilità di esperire. E questo avviene più facilmente tramite il gioco collettivo.

Un altro affascinante regista e pedagogo fu francese Jacques Lecoq. Nel 1948 si trasferì in Italia, dove rimase per otto anni. Qui approfondì i suoi studi

---

[20] In Asso P. (a cura di), Esercizi e improvvisazioni per il teatro, Dino Audino, Roma, 2005.

soprattutto sulla Commedia dell'Arte e incontrò lo scultore Amletto Sartori. Si sviluppò un rapporto artistico basato sullo studio ed il recupero delle maschere. Fu in questo periodo che nacque l'idea della maschera neutra.

"La Maschera Neutra ci porta nel mondo dell'equilibrio e del silenzio precedendo il movimento e la parola. Dall'impressione all'espressione, è il supporto di un'esplorazione mimodinamica dello spazio corporale e delle passioni umane attraverso i ritmi e le forme della natura e del vivente..." J.Lecoq[21]

Esistono una notevole quantità di maschere espressive, di carattere, astratte, ma c'è solo una

---

[21] In Spreafico Federica (a cura di), Il corpo poetico, Un insegnamento della creazione teatrale, Controfibra, 2016, pag. 63.

maschera neutra. Da uno stato neutro, uno stato di calma e di curiosità, inizia il viaggio verso la riscoperta delle dinamiche della natura. Elementi, materie, musica, suoni e parole vengono re-interpretati nel corpo mimante attraverso l'improvvisazione e l'analisi del movimento.

L'esperienza pratica con le maschere neutre, che ho attuato con un piccolo gruppo d'improvvisazione teatrale nel maggio del 2017 era incentrato proprio sulla maschera neutra, dal metodo di Jacques Lecoq, nella quale la mimica facciale è sostituita dalla maschera neutra. La maschera neutra è la prima maschera, quella che permetterà di indossare tutte le altre, essa ci mette a nudo, ci permette di contare sull'espressione del viso, sulla parola e sullo sguardo per comunicare. La maschera neutra è un valido strumento per approfondire l'espressione del corpo. Nella vita quotidiana siamo soliti favorire la mimica facciale per esprimere emozioni e sensazioni. In realtà, però, è tutto il corpo ad esprimersi, dalla testa ai piedi. Indossando una maschera inespressiva, ci priviamo di quel mezzo di comunicazione privilegiato e forse più facile da usare, che è l'espressione del volto, e siamo costretti a prestare maggiore attenzione al resto del corpo per comunicare. Il percorso serve a concentrare l'espressione creativa sul corpo. Inoltre sviluppiamo la capacità di ascoltare quello che l'intero corpo esprime durante le interazioni sociali. Il corpo è il nostro principale strumento di comunicazione: in ogni istante manda messaggi, informazioni, sensazioni ai nostri interlocutori. Imparare a gestirlo consente di moltiplicare il nostro potenziale espressivo, sul palco come nelle relazioni umane. La maggioranza delle persone non sa che, durante un incontro, l'aspetto verbale ha un ruolo veramente poco importante nella comunicazione: chi veramente esprime ciò che si sta comunicando è il corpo, non sapere questo e soprattutto non tenerne conto può far cambiare la direzione della nostra comunicazione con gli altri.

L'esperienza pratica del sopracitato gruppo con le maschere neutre, era indirizzata ai principianti ed alle persone con esperienza che desideravano migliorare la loro comunicazione con gli altri ed approfondire la conoscenza di una tematica originale e coinvolgente. I partecipanti erano tutte persone adulte. Il seminario sulle maschere neutre si è tenuto in una mezza giornata. Il lavoro era rivolto a "le maschere ed il volto che si nasconde dietro". Questo elemento era lo strumento cardine del percorso, sia per la formazione dell'attore che per la consapevolezza individuale.

Per me è molto importante come un partecipante muove il proprio corpo in una presentazione d'improvvisazione teatrale. Più chiara, precisa e coerente è l'espressione corporea durante un'esibizione, più autentica è la comunicazione non verbale e più chiara sarà la percezione e la comprensione dello spettatore. Lo spettatore coglie lo stato d'animo di chi si mette in scena, specialmente con la maschera neutra. Il corpo e lo stato d'animo sono una cosa sola. L'attore deve perciò fare molta attenzione nell'essere coerente ed autentico nell'esprimere sé stesso agli altri. Più siamo autentici sul palcoscenico e più riusciamo a catturare gli spettatori nel loro cuore, riuscendo così a trasmettere noi stessi agli altri.

Il seminario era costituito da 4 momenti fondamentali:

1. Gli incontri cominciano sempre con un allenamento di riscaldamento che prevede percezione, elasticità e movimento del corpo e della voce e lavoro sulla condizione fisica. Questo momento d'entrata così strutturato è importante per la condivisione e l'unione: le urgenze del momento hanno l'opportunità di emergere, così da permettere a ognuno di esprimere, in un clima disteso e conviviale, le proprie emozioni e le proprie sensazioni e condividerle con il gruppo.

2. La seconda parte era centrata sugli esercizi di fondazione del gruppo. Importante era trovare la fiducia tra i partecipanti e che ci fosse una buona energia nel gruppo, favorendo così la sensibilizzazione del singolo nel gruppo. Ad esempio lasciarsi guidare e guidare l'altro, percezione del gruppo e dei sensi ed esercizi di specchio.

3. La terza parte era dedicata alla danza ed ai movimenti lenti con un bastone. Ciò aiutava a sentire il nostro corpo nello spazio, il ritmo e gli altri, la flessibilità e la scioltezza corporea. La terza parte consisteva anche in esercizi d'improvvisazione, dove era importante il contatto che si aveva in questo momento con ciò che si fa e si dice per liberare così la fantasia di ciascuno.

4. Nell'ultima parte abbiamo lavorato sulla maschera neutra individualmente, mettendo il focus sulle seguenti domande: "Che relazione ho con la maschera? Che effetto mi fa? Che cosa sento se lo spazio è pieno di maschere? Che differenza c'è tra lavoro individuale e di gruppo?"

L'obiettivo del seminario era quello di migliorare la propria corporeità, la percezione e la consapevolezza di sé e facilitare l'espressione di essa, potenziare la capacità creativa della persona, scoprire le diverse possibilità creative e comunicative che si possono esprimere con il proprio corpo, favorire la comunicazione ed i rapporti interpersonali, favorire la riunificazione della persona nella sua globalità fisica ed emotiva, incontrare ed integrare in modo costruttivo gli elementi antagonisti e conflittuali che organizzano e animano la personalità a ritrovare fluidità nel contatto con gli altri.

Un altro aspetto importante da sviluppare era il lavoro dell'insieme di competenze e comportamenti individuali che vanno gestiti in gruppo. Ognuno ha un ruolo importante. Il gruppo dovrà essere in grado di amministrare la comunicazione e le informazioni che fanno funzionare un gruppo. La qualità dell'ambiente fatta di sentimenti, percezioni e opinioni ha un ruolo importante. La crescita delle competenze dell'individuo e dell'intero gruppo va sviluppata. Il lavoro di gruppo costituisce un'occasione di crescita ed un'esperienza di grande valore per ogni essere umano. Noi siamo continuamente coinvolti in gruppi diversi.

Con il lavoro con le maschere neutre andiamo a scoprire ed a conoscere cosa si comunica in realtà oltre alle parole, permettendo di migliorare notevolmente ogni tipo di relazione. S'impara a riconoscere gli stati emotivi e come questi influenzano i comportamenti gestuali e mimici del corpo e del volto, attraverso l'analisi pratica della mimica dell'intero corpo con un approccio che entusiasma e sbalordisce i partecipanti; il semplice fatto di osservarsi, permette di vedere degli aspetti che stimolano le interazioni interpersonali ed il gioco di squadra.

Questi erano i punti significativi da prendere in considerazioni per il seminario:

1. Gli atteggiamenti del nostro corpo trasmettono messaggi.

2. Il modo in cui entreremo in una situazione sarà già una presentazione nei confronti del pubblico.

3. Anche un semplice gesto quotidiano, come sistemarsi i capelli, se fatto in scena, assumerà una valenza espressiva.

4. Lo sguardo porta con sé una grande forza e perciò decidiamo sempre dove indirizzare il proprio sguardo o la battuta tramite lo sguardo.

5. Una respirazione libera è la base di partenza fondamentale per qualsiasi cosa che iniziamo a fare.

6. Mantenere sempre attivo l'ascolto rispetto all'attenzione del pubblico. Se ci accorgiamo che c'è

un calo, sorprendere il pubblico con un cambio di ritmo, di posizione nello spazio o con una pausa.

7. Lascarsi sorprendere dalla forza di ciò che esce in maniera spontanea, cioè libera e non ragionata, dal nostro corpo.

8. Non esiste nulla di giusto e di sbagliato nell'espressione artistica, ma solo la verità di qualcosa che viene da dentro noi stessi e che si raggiunge togliendo il giudizio e immergendosi totalmente nella concentrazione rispetto a quello che si sta facendo.

9. La creatività appartiene a tutti, va solo liberata.
Per me era importante sviluppare il potenziale creativo e comunicativo di ciascuno. Con ciò diventava anche più facile accettare le proprie paure e

debolezze. Rimanendo nel proprio potenziale, nella propria forza, si riesce a superare meglio le proprie debolezze. Vivendo i nostri talenti e capacità, aumentano la nostra autostima, la fiducia e il coraggio. Così si riescono a osservare e trasformare le proprie debolezze.

Inoltre, quello che contava per me in questo seminario, era l'autenticità e la sincerità nel corpo. Lavorando con la maschera, il corpo prende automaticamente più importanza. Lasciando fluire liberamente le sensazioni e le emozioni, come l'acqua del fiume che scorre, si libera la propria vitalità.

2.1 L'accettazione positiva e incondizionata

Esiste in ogni essere umano un forte bisogno di considerazione positiva e incondizionata. Quando si ricevono considerazione positiva incondizionata ed empatia, il concetto di sé diviene più positivo e realistico, ci si esprime in modo più aperto, si diventa più autonomi nelle scelte, più aperti e più liberi nel modo di sentire, più maturi nel comportarsi e più capaci nel gestire lo stress.

Nell'improvvisazione teatrale un atteggiamento affettivo ed una considerazione positiva del conduttore, aiuta a valorizzare ed accogliere l'altro nelle sue potenzialità. Nell'improvvisazione teatrale il lavoro di gruppo è indispensabile. Impariamo a conoscere e rispettare noi stessi e gli altri, relazionandoci in modo più autentico possibile. In un luogo sicuro e protetto impariamo ad aprirci senza sentirci giudicati e respinti, per crescere e sviluppare la nostra personalità.

Il lavoro di gruppo costituisce un'occasione di crescita ed un'esperienza di grande valore per ogni essere umano e personalmente credo che il futuro di questo lavoro avrà maggior importanza nella formazione, nell'educazione ed in tutta la società. La ricchezza, la forza e le capacità contenute in un gruppo possono essere paragonate a un sistema estremamente complesso, come un universo in continua evoluzione e trasformazione. Ma è anche vero che il gruppo può essere visto, rovesciando il cannocchiale, come un qualcosa di molto piccolo, come un prezioso microcosmo. In ogni gruppo è rappresentato in modi e forme diverse tutta la ricchezza dell'essere umano. Metaforicamente possiamo immaginare il gruppo come un'unica persona ricca di pregi e difetti, contraddizioni, luci e ombre, una fonte inesauribile di espressività, ruoli, emozioni, sentimenti e creatività.

Questo costituisce un arricchimento per noi e per l'altro. Ciascun individuo può verificare le sue percezioni personali confrontandole con quelle degli altri. Il gruppo può aiutare ad aumentare la sicurezza nell'affrontare un "problema" comune. Il lavoro di gruppo non è soltanto lo svolgimento di un compito, ma comprende e richiede la gestione delle relazioni umani.

Con la maschera neutra è più facile sentirsi accettati positivamente e incondizionatamente all'interno di un gruppo teatrale, perché non c'è giudizio nella maschera neutra. Nella maschera non hai paura, non hai età, non hai passato. Attraverso l'utilizzo della maschera neutra ti puoi svuotare dalle tue preoccupazioni, dimenticare le ragioni dei tuoi gesti, dei loro fini e dei sentimenti che li accompagnano, puoi mettere da parte modelli di comportamento gestuale che, a livello più o meno consapevole, porti dal tuo passato e che ti tengono imprigionato alle persone ed ai doveri che ti hanno in un certo senso formato. Quando indossiamo la maschera neutra qualcosa cambia in noi, internamente siamo noi stessi, lo stesso corpo, la stessa mente e ci sentiamo più liberi dai nostri condizionamenti e giudizi.

La maschera neutra insegna a guardare, ascoltare, sentire e vivere con l'autenticità della prima volta e porta consapevolezza al pensiero ed all'azione. E' l'esperienza della neutralità prima dell'azione, uno stato di apertura, una sensazione di calma fisica ed equilibrio di movimento. Aiuta a conoscere le proprie abitudini fisiche, a minimizzare i clichés attorali ed a ritornare a un'esperienza vera di ascolto.

2.2 Vedere, ascoltare e comunicare

Per comunicare è necessario ascoltare. Senza ascolto non c'è comunicazione. L'ascolto è il primo passo nella relazione. Ascoltare attivamente significa essere empatici, mettersi "nei panni dell'altro", riconoscere ed accettare il suo punto di vista accogliendo e comprendendo le emozioni, i dubbi e le preoccupazioni che manifesta. È altrettanto importante restituire la comprensione e dimostrare il rispetto ed il riconoscimento dell'altro. Quindi, l'ascolto attivo è una capacità comunicativa che si basa sull'empatia e sull'accettazione, sulla creazione di un rapporto positivo e di un clima non giudicante.

Due esseri umani che s'incontrano e vivono una relazione, di qualunque natura essa sia, si influenzano reciprocamente e sono il risultato di una storia unica, fatta di esperienze e vissuti soggettivi, a cui avranno dato un significato personale. Questo significato avrà poi contribuito a sviluppare un proprio modo di vedere le cose, un proprio punto di vista, diverso da ogni altro. Le convinzioni che si sono radicate, condizionano il proprio modo di vedere e le proprie sensazioni.

Osservando l'altro nella sua totalità, come individuo fatto di mente, corpo e mondo affettivo, possiamo arrivare a comprenderlo ed a percepire, al di là del canale verbale e del canale corporeo, il suo mondo affettivo. Non vedere l'altro come il risultato di un'integrazione tra queste tre componenti, porta a perdere una parte importante di quella comunicazione.

Se, invece, diamo esclusivamente attenzione solo agli aspetti fisici, relazionali e comportamentali rischiamo di essere soli anche se apparentemente siamo in compagnia.

Solo se andiamo oltre quella realtà esterna (corpo), e gli occhi non si fermano alla realtà fisica, insieme alle orecchie che ascoltano, saremo in grado di recepire non solo le informazioni, ma anche quello che si vuole comunicare al di là delle parole. Possiamo così ricevere, ascoltare e recepire.

Sappiamo che ognuno di noi si focalizza su quello che in quel momento è più significativo per la sua storia e per il suo vissuto di uno stesso evento. È importante essere consapevoli che chi abbiamo davanti è un essere umano come noi, ma nello stesso tempo diverso da noi. Per comunicare davvero dobbiamo riconoscere questa diversità, questo suo modo unico di dare un senso alle cose, pur chiamandole con lo stesso nome.

Comprendere il significato di ciò che succede attorno a noi, e quindi dare un senso alle nostre esperienze, è un elemento fondamentale per la costruzione dei nostri ricordi. Quando riusciamo a dare un significato a ciò che ci circonda è molto più facile immagazzinarlo dentro di noi. Se il materiale che cerchiamo di ricordare non viene elaborato né ancorato alle conoscenze che già possediamo, esso verrà presto dimenticato. La vera funzione della memoria è quella di rielaborare ed interpretare gli stimoli e le esperienze che viviamo ogni giorno, integrandole con quelle passate allo scopo di creare un ponte tra il vecchio ed il nuovo. La memoria può essere più specificamente definita come un processo grazie al quale interpretiamo la realtà creando rappresentazioni mentali dentro di noi: immagini.

Solo se entriamo in comunicazione con quegli affetti che creano immagini, sarà possibile comprendere il senso delle parole oltre il loro significato logico, trovare la parola che, sola, dà senso a tutta la comunicazione, dona la chiave di lettura che apre la porta alla comprensione.

Cogliere il significato oltre la realtà materiale è quel ricordo del rapporto che, diventato immagine dentro di noi, guida la nostra possibilità di scambiare affetti con gli altri esseri umani e di crescere in nuovi rapporti.

L'intuizione ci permette di trascendere e andare oltre

l'apparenza per cogliere la persona nella sua individualità essenziale. Utilizzare l'intuizione come canale per sentire ed ascoltare l'altro, significa andare oltre la parola dell'altro e cogliere le informazioni visive, uditive e cinestetiche, tutti dati che l'altro ci porta nel qui ed ora della relazione.

Chi non riuscirà a rapportarsi realmente con l'altro, non potendo ascoltare attivamente ed empaticamente, non potrà collegare un'immagine a quelle parole ascoltate, non potrà portare a termine quella comunicazione ed arrivare a una comprensione reciproca.

Solamente quando viviamo dei rapporti soddisfacenti, gli occhi si apriranno sempre più alla profondità, al contenuto affettivo e le orecchie andranno a ricercare la congruenza tra il contenuto affettivo delle parole e ciò che gli occhi esprimono.

2.3 Feedback sull'esperienza

Attenzione significa saper osservare con curiosità ed interesse con la finalità di comprendere la totalità dell'esperienza che l'altro sta facendo. È importante osservare il linguaggio usato, la comunicazione non verbale, il comportamento, l'atteggiamento, le emozioni che vengono espresse, le esitazioni, l'imbarazzo e le discrepanze dei partecipanti.

Sospendere il proprio quadro di riferimento, imparare a decentrarsi, eliminare il giudizio sono le modalità giuste per poter osservare ed accompagnare le persone a fare un percorso di crescita teatrale.

Nel percorso teatrale è importante mettere

l'attenzione sui seguenti aspetti:

Focus sulla situazione: di cosa parla? Cosa mi sta dicendo? Che cosa intuisco oltre le parole?

Focus sulla persona: che cosa sta vivendo in questo momento? Che cosa è importante per lui? Qual è il sentimento che esprime oltre le parole, nei gesti, nel volto e nello sguardo?

Focus su di sé: che cosa sto vivendo in questo momento? Quali sono i miei sentimenti verso di lui? Sto ascoltando la sua emozione o ascolto la mia risonanza emotiva? Che cos'è stato toccato in me?

Chi è in ascolto prende distanza delle sue convinzioni, dai suoi pensieri e dalle emozioni ad esse collegate, non ascolta le proprie risonanze altrimenti non è in grado di vedere l'altro interamente. Se qualcosa del discorso dell'altro riapre una vecchia ferita, allora diventa complesso relazionarsi in modo chiaro e senza giudizio. È solo partecipando che riusciamo a comprendere veramente l'altro.

Nella relazione c'è un vero contatto solo quando io capisco profondamente dov'è l'altro e lo accompagno; mi adatto ai suoi tempi, rispetto i suoi contenuti e le sue emozioni e non vado oltre. Sono in relazione nel momento in cui recepisco la sua richiesta di relazione. Fare dono di sé stessi nell'incontro per facilitare la relazione significa, per chi ascolta, non procedere con risposte valutative o minacciose.

Ritornando al seminario sulle maschere, è stato interessante osservare come certe persone amino giocare con la maschera mentre altri la detestino. Per fortuna anche le persone che non erano particolarmente attratte dalla maschera hanno partecipato. Il momento più critico è quando la si indossa e ci si rende conto che improvvisamente è il corpo che parla. Non puoi usare né la parola né la mimica. Il gioco con la maschera può essere divertente fino a quando ne togli una e ne metti un'altra e così di seguito. Sembra un gioco senza fine. Ma dov'è la nostra vera identità? Chi sono veramente? Dov'è la verità? Quanto profonda può essere la mia persona? Bisogna considerare che non è scontato mettersi in gioco nell'improvvisazione teatrale. Si tratta di un percorso intenso, denso di emozioni e creatività, senza che si dimentichino però il gioco, il divertimento ed il benessere che costituiscono la base.

I partecipanti del gruppo hanno seguito l'incontro con entusiasmo, disponibilità e con serenità. Hanno scoperto una parte di sé stessi con grande gioia, apprezzando le loro passioni, i loro valori. L'impegno è stato molto grande e costante da parte di tutti i partecipanti che hanno dato il massimo, incontrando dei momenti di difficoltà, attuando processi di cambiamento e mettendosi costantemente in gioco. Il lavoro si è svolto in un percorso di progressivo impegno, cercando di rispettare i ritmi di ogni partecipante del gruppo. Tutti sono andati via con una bella sensazione di gioia e benessere.

I nuovi strumenti del Counseling Relazionale mi hanno aiutato a relazionarmi con i partecipanti in modo più professionale, affettivo e comprensivo e mi sono sentita molto più sicura di me. Questo è ciò che ho notato osservando i partecipanti durante il seminario: "Mi posso fidare dell'altro?" Questo è un aspetto ricorrente nel lavoro di gruppo. Ci vuole un attimo affinché tutti si conoscano e possano prendere confidenza gli uni con gli altri. Dal momento che si lasciano andare, tutto fluisce in modo molto spontaneo e libero.

Ognuno metteva del suo senza preoccuparsi del giudizio degli altri. Bisogna ricordarsi che le persone portano nel teatro le stesse modalità di rapporto che portano in tutti i contesti che caratterizzano la loro vita. Le persone presentano ciò che hanno vissuto, appreso, compreso, maturato nel corso della loro storia.

La possibilità di comunicare in modo non conflittuale ha a che fare con la capacità di vedere la verità oltre l'apparenza. Questo ci consente di riconoscere nella individualità di ciascuno anche la diversità di ogni essere umano. Sono elementi che arricchiscono il sapere umano ed aiutano a trasformarsi.

Il fatto che i partecipanti siano tornati a casa in modo rilassato e molto soddisfacente, è per me il miglior feedback.

Conclusione

Con il Counseling relazionale impariamo a risolvere specifiche questioni, a prendere decisioni, ad affrontare le crisi, a migliorare le relazioni, ad affrontare problematiche evolutive, a promuovere e sviluppare una maggiore consapevolezza personale, a lavorare con sentimenti, pensieri, percezioni e conflitti interni ed esterni.

In un gruppo d'improvvisazione teatrale diventa importante osservare certe modalità di rapporto conflittuali che, poi, si vivono anche nella vita quotidiana. Mettendoci in gioco con fiducia ed attraverso il lavoro dello specchio, riusciamo a conoscere meglio le nostre barriere e a comprendere ed accettare meglio le nostre crisi. I partecipanti assumono maggior consapevolezza dei propri atteggiamenti, mettendo in evidenza sentimenti e vissuti che sottostanno alla situazione che viene creata in scena. Con la giusta modalità di porsi nella relazione e nella comunicazione con il soggetto in conflitto, impariamo a preservare e migliorare il rapporto e lo scambio comunicativo.

Gli strumenti del Counseling relazionale sono necessari per chi conduce un laboratorio di improvvisazione teatrale: grazie ad un ascolto reale, interessato e ad una partecipazione affettiva possiamo trovare la chiave per la soluzione di un conflitto e modificare così le relazioni tra i partecipanti.

L'obbiettivo principale dei partecipanti in un corso d'improvvisazione teatrale è di procedere in modo più autonomo, verso una vita più soddisfacente e piena di risorse, come individui.

Il mio lavoro come conduttrice teatrale è infatti migliorato molto, grazie ai nuovi strumenti (l'empatia e l'ascolto attivo ed incondizionato) del Counseling relazionale. Ho notato che la mia comunicazione è cambiata. Faccio molta più attenzione nelle scelte delle parole e rispondo in modo più affettivo e positivo. Riesco a mettermi meglio nei panni degli altri e comprendere in modo migliore le loro storie, non solo nel lavoro teatrale, ma anche nella vita di ogni giorno. Ho un rapporto più comprensivo in caso di conflitti e qualora emergano difficoltà da parte dei partecipanti. Riesco a riconoscere meglio i desideri e le esigenze di chi mi circonda e, talvolta, cerco di aiutarli a farli emergere. In questo modo, una volta riscoperti, sarà più facile credere nuovamente nella speranza di realizzarli.

Per far questo, dobbiamo prima imparare a conoscere noi stessi. Se non abbiamo una buona relazione con noi stessi è impensabile poterla avere con gli altri. Sono i rapporti umani validi che ci rendono profondamente felici. Tanto più incontreremo rapporti validi che risponderanno sia ai bisogni materiali, sia alle esigenze non materiali, affettive, tanto più riusciremo a instaurare rapporti basati su empatia, interesse e partecipazione nel rapporto. La felicità è data dal rapporto che non è più oggetto di paure o conflitti, ma è desiderio e scambio di realtà affettive ritrovate.

Bibliografia

- Asso P. (a cura di), Esercizi e improvvisazioni per il teatro, Dino Audino, Roma, 2005.

- Cavallo M. e Ottaviani G. (a cura di), Drammaterapia, Edizioni Universitarie Romane, Roma, 2005.

- Dalal Ferhad, Taking the groupe seriosly: toward a post-foulkesian group analityc theory, the international libery of group analysis, London 1998.

- Goffmann Erwin, La vita quotidiana come rappresentazione, Società editrice il Mulino, Bologna, 1969.

- Grotowski J., Per un povero teatro, Alexander Verlag, Berlin, 1970.

- Jakobson R., Saggi di linguistica generale, Feltrinelli, Milano, 1966.

- May Rollo, L'arte del Counseling, Casa Editrice Astrolabio, Roma, 1991.
- Pitruzzella Salvo, Mettersi in scena, Drammaterapia, creatività e intersoggettività, Franco Angeli, Milano 2014.
- Pitruzzella Salvo, Persona e soglia, Armando Editore, Roma, 2003.
- Poma Andrea (a cura di), Il principio dialogico e altri saggi, Edizioni San Paolo s.r.l., Jerusalem, 1991.
- Rogers Carl, La terapia centrata sul cliente, Giunti Editore, Firenze, 2013.
- Shannon C., Weaver W., La teoria matematica della comunicazione, Etas Libri, Milano, 1971.
- Spreafico Federica (a cura di), Il corpo poetico, Un insegnamento della creazione teatrale, Controfibra, 2016.

- Watzlawick P., Beavin J. H., Ferretti M., Pragmatica della comunicazione umana, Studio dei modelli interattivi, delle patologie e dei paradossi, Astrolabio, Roma, 1967.

SECONDA PARTE

CAPITOLO 1

2. Improvvisazione teatrale

In questa seconda parte troverete tanti esercizi pratici da utilizzare nei vostri corsi che vi aiuteranno a lavorare in modo sempre più costruttivo ed efficace con un gruppo d'Improvvisazione teatrale e di drammaterapia. È strutturato secondo una cronologia consigliabile da seguire.

2.1 Il riscaldamento

Ci sono quattro caratteristiche principali per un riscaldamento efficace. In generale, per essere veramente efficace un riscaldamento deve soddisfare queste quattro fasi:

- rilassamento fisico e psicologico,
- riscaldamento fisico,

- stimolo della concentrazione,

- riattivazione del corpo e dell'energia.

Il riscaldamento si divide in due parti, ognuna delle quali si concentra su alcuni di questi aspetti. La prima sul rilassamento e il riscaldamento, mentre la seconda sulla riattivazione. Entrambe le parti, invece, mirano a tenere alta la concentrazione. Queste parti possono essere accompagnate da una musica rilassante in sottofondo.

2.1.1 La prima parte: il rilassamento

In questa fase l'obiettivo principale è quello di rilassare corpo e mente, svuotare quest'ultima completamente da ogni pensiero e abbandonarsi al vuoto.

Sdraiatevi comodamente sulla schiena ed iniziate con la respirazione circolare (inspirare ed espirare senza interruzione). Ora focalizzate la vostra attenzione sulla base della colonna vertebrale: lì si concentra l'energia del primo chakra che è la vostra radice. Ora immaginate che dalla pianta dei vostri piedi iniziano a crescere delle radici che lentamente salgono e si intrecciano alle vostre gambe, poi scendono insinuandosi sotto terra. Immaginate di diventare un albero, sentite il calore che diventa sempre più forte e l'energia più intensa. L'energia della terra sale e vi attraversa, fluisce in voi. Sentitela scorrere e controllatela con il respiro. Poi quando vi sentite ben radicati, portate l'attenzione e le mani sul vostro cuore, il 4° chakra, e con un respiro profondo aprite gli occhi. Fate dei ringraziamenti per tutto il tempo che desiderate, ma sempre sorridendo. All'inizio vi sentirete strani, in realtà il cuore si espande e si connette alla gioia della vita più velocemente.

2.1.2 La seconda parte: il risveglio

La prima cosa da fare è quella di cominciare a muoversi lentamente. In particolare, per accompagnare il movimento utilizzate la musica meditativa iniziale che poi può diventare sempre più ritmica. In questo modo, oltre a partire da un ritmo lento per arrivare pian piano ad uno più sostenuto, aumentate anche la concentrazione, dovendo coordinare i movimenti e mantenere l'equilibrio (si tratta di semplicissimi passi in avanti, in dietro e laterali). La sequenza diventa sempre più veloce, fino a diventare una danza, che vi mette in comunicazione con gli altri. Infatti se la prima parte del riscaldamento era concentrata su sé stessi, nella seconda parte la sequenza di passi è da fare insieme al resto del gruppo, all'unisono, come foste un corpo solo. La seconda parte è ottima anche per entrare da subito in sintonia con le altre persone.

2.2 Riattivazione del corpo

Studiamo l'importanza del rilassamento, della respirazione e dell'espressività che si assume semplicemente con lo spostamento nello spazio e per sperimentare l'esistenza di una comunicazione „altra" rispetto a quella abituale e stereotipata.

2.2.1 Rilassamento

Sdraiarsi per terra e ascoltare una musica rilassante, riflettere sulla giornata su tutto ciò che è stato positivo e negativo, far passare di nuovo nella mente, poi cercare di rilassare la testa in modo cosciente, sciogliendo i muscoli, ogni parte del corpo, faccia, collo, petto, braccia, mani, pancia, schiena, cosce, gambe, piedi, sentire il sangue che passa, cercare di alzare la testa, se si sente che la testa è talmente pesante che sembra una pietra, si è sulla strada giusta, girarsi sul lato e non alzarsi troppo velocemente, alzarsi in piedi e fare gli esercizi scioglimento con le braccia e le gambe, buttarsi avanti anche con suoni e poi alzarsi lentamente, immaginare di essere una marionetta che ha una corda fina sulla testa che la tira, andare sulle punte di piedi e immaginarsi di trovare una corda con le lettere p, t, k, f, s, sch, ch appese e che si cercano di prendere.

2.2.2 Respirazione

È consigliabile lavorare in cerchio. L'idea del cerchio è alla base della respirazione, lenta e morbida (infatti il cerchio è una figura in qualche modo "morbida" e regolare, come dovrebbe essere anche il respiro).

- la respirazione è divisa in ispirazione silenziosa dal naso e espirazione dalla bocca attraverso la lettera esse ("sssssssssss"). Si espira sulla esse per due motivi: in questo modo si stimola la concentrazione sulla respirazione stessa, evitando l'apnea inoltre la "esse" è molto utile per incominciare a riscaldare anche il diaframma, organo fondamentale per una giusta emissione vocale; la respirazione diaframmatica è utile sia per sciogliere le tensioni psicofisiche, sia per liberare la voce prima di andare in scena e per la voce;

- esercizio con la sss: inspirare con il naso (sarebbe meglio perché così non seccano le corde vocali) o con la bocca, pensare alla lettera "a", rimanere in apnea ed emettere una "r" con la lingua sul palato;

- contare ad alta voce: non bisogna mai respirare tra un numero e l'altro, inspirare allargando sempre di più il torace e il basso ventre e poi contare fin dove si riesce ad arrivare in un fiato cercando anche di utilizzare il volume della voce;

- abbassarsi con le ginocchia (genuflessione) espirando e andare sulle punte dei piedi inspirando;

- mentre si respira, viene chiesto di immaginare di fare dei cerchi con diverse parti del corpo, mantenendo gli occhi chiusi, consigliamo di passare dalla testa alle spalle, bacino, e infine le ginocchia;

- mettersi in piedi con le gambe laterale e le ginocchia leggermente piegate, espirare coscientemente e aspettare che il corpo riprende l'aria da solo, mettere le mani sui fianchi e cercare di concentrare il respiro su questa zona, ripetere questo esercizio diverse volte;

- portare le braccia verso avanti mentre si espira, tenere un attimo la tensione e far scendere le braccia espirando, fare la stessa cosa con le braccia laterali, in fine volare come un uccello cercando un ritmo armonico;
- camminare e alzare le braccia inspirando e abbassare le braccia espirando, inspiro dal naso espiro dalla bocca.

2.2.3 Il risveglio

Dopo esservi rilassati e aver riscaldato un po' i muscoli, si passa alla seconda fase: quella del "risveglio". Infatti dopo la prima parte di "relax", è arrivata l'ora di riattivare il corpo con i seguenti esercizi:

- picchiettare tutto il corpo dal viso fino ai piedi in posizione seduta;

- automassaggio e massaggio schiena dell'altro (in due o tutti in cerchio), in fine andare sulle punte dei piedi e poi lasciarsi andar con il suono OM.

2.3 L'autopresentazione

Prima di iniziare con il lavoro con il corpo-spazio, può essere carino inserire degli esercizi di autopresentazione:

- ognuno presenta il proprio nome in modo strano e insolito;
- ci mettiamo in cerchio, uno inizia e fissa una persona del gruppo e dice il suo nome battendo le mani, se è giusto tocca a questa a continuare, invece se ha sbagliato viene corretto e poi riprova con una altro, il gioco continua finche tutti sappiano i nomi di tutti.

2.4 I giochi

È molto divertente continuare il percorso con dei semplici giochi che si possono usare anche alla fine di un corso. Questi aiutano a superare un po' di imbarazzo e timidezza iniziale:

- gioco delle 9 emozioni: 9 fogli con 9 emozioni; ognuno ne sceglie uno e lo mette in scena, gli altri indovinano che emozione è;

- gioco del tunnel delle emozioni: si crea un tunnel uno di fronte all'altro e uno alla volta si passa dentro il tunnel e, passando, ciascuno sussurra nell'orecchio dell'altro delle belle parole;

- uno fa qualcosa (es. stirare) e l'altro chiede "che cosa stai facendola?", il prossimo lo dice e poi fa un'altra cosa, poi il prossimo...;

- gioco con diverse palle di diversi colori, prima si fa girare una, poi l'altra lanciandola in qualsiasi direzione e poi si aggiunge una terza;
- unitevi, intrecciandovi tra di voi;
- passarsi una pallina immaginaria tramite battito delle mani;
- riuscire a contare fino ad un certo numero senza mettersi d'accordo e senza sovrapporsi;
- A è in mezzo al cerchio, gli altri cercano di farsi segno per scambiare i posti, A deve cercare di prendere un posto libero;
- esercizio di battere le mani in cerchio, prima in una direzione, poi nell'altra, e poi diagonale;
- si formano due gruppi, il primo gruppo cerca di battere le mani e l'altro gruppo deve cercare di essere più veloce degli altri;

- trasformazione delle emozioni: uno inizia ad esempio piangendo, quello accanto riprende dalla stessa emozione e la trasforma in una persona che non si fida di nessuno, il prossimo riprende e lo trasforma in una risata, rabbia, stupore, dolore, disperazione, beatitudine, serenità, panico, spaventato, paura, gioia, autoritario, ecc....

2.5 Corpo e spazio

Con lo spostamento nello spazio interagendo con gli altri, impariamo ad essere sempre più consapevoli della relazione tra il nostro corpo e quello degli altri e lo spazio vuoto o pieno:
- la doccia interiore, si fa una palla di luce e si cammina nello spazio, poi si è dentro la palla e ci si muove dentro camminando, poi in due, in 4 e in fine tutti. Ci si può anche spingere oltre un po' per scherzo;

- camminare nello spazio scenico ascoltando le proprie abitudini posturali;
- camminare nello spazio con variazione delle velocità da 1 a 10 e con progressiva restrizione dello spazio comune;
- camminare e fermarsi con un segnale; partire senza segnale e fermarsi con un segnale come frees, salutarsi, toccarsi i piedi, il sedere, la fronte, gli indici, unirsi in 2, 3, 4...;
- camminare nello spazio in tutte le direzioni senza lasciare vuoto uno spazio;
- camminare nello spazio, uno batte le mani e tutti cambiano direzione, poi un altro e ancora un altro, alla fine cambiare direzione senza dover battere più le mani;
- camminare nello spazio: percezione dei piedi, del pavimento, delle mura laterali, del tetto, l'altro,

l'equidistanza, cambiare le direzioni, indietro, più veloce, stop;

- tutti camminano in cerchio come dei carcerati allo stesso ritmo; batto le mani e si cambia direzione, batto 1 si salta, 2 sedersi, 3 abbracciarsi, 4 trovare l'equilibro in due, 5 cercare di prendere una mosca;

- camminare in diversi modi, ognuno fa una volta la guida e gli altri lo copiano;

- camminare e nominare tutti gli oggetti con un altro nome in modo veloce;

- camminare nello spazio come un mostro e poi come una star;

- il treno, uno lo guida a modo suo con movimenti e camminate strane e tutti lo seguano e lo copiano;

- Il gruppo cammina nello spazio (semi oscuro), l'animatore suggerisce un'emozione, al segnale tutti s'immobilizzano in una posizione che a loro pare evoca l'emozione suggerita;

- camminare nello spazio essendo delle diverse personalità come il dinamico, il passionale, il sensitivo, il materialista, l'analitico;

- camminare dicendo o cantando i vocali, poi una campana crescente e decrescente;

- camminare tutti nello spazio e uno deve sempre stare fermo, si cambia con un segnale e un altro rimane fermo in piede e gli altri camminano, poi si aggiunge un altro seduto o un altro sdraiato, in fine sempre solo uno cammina;

- camminare nello spazio, il conduttore fa segno su una persona precisa dicendo una parola e la persona scelta dice spontaneamente un'altra parola associata alla prima, poi un segno con il dito ad un altro, questo associa, un'altra parola, ecc...., fino a che uno sbaglia e si blocca, allora si cammina di nuovo e si ricomincia da capo;

- tutti camminano con gli occhi bendati nello spazio, il conduttore prende uno alla volta e lo porto a fare un giro, poi dice dove devono andare e fare tutti come ad es. verso la porta, la finestra, in centro, formano una statua in modo strano e ironico che rappresenta le parole che dice il conduttore come albero, casa, l'intellettuale, il noioso, lo stupido, l'arrogante, lo spaventato, dio, devoto, l'artista, ecc....;

- camminare in due, uno con gli occhi bendati e l'altro lo guida, poi scambio;

- si danza in due, inizia e l'altro cerca di fare dei movimenti completamente opposti;

- si danza in due, uno con gli occhi bendati e l'altro lo controlla come se fosse il suo angelo custode;

- due gruppi, il primo fa da spettatore e gli altri danzano con diversi tipi di musica che vengono cambiati dopo uno o due minuti, ognuno deve cercare di sorprendere coloro che li guardano, quando la musica si ferma il pubblico li copia e poi c'è lo scambio delle esperienze fatte.

2.6 Le statue

Un altro modo creativo e simpatico di lavorare con il corpo è la creazione delle statue con i propri corpi:

- uno alla volta si va in centro e si crea una statua con il proprio corpo, poi un altro, fino a 3 o 4 persone alla volta;
- museo delle statue: muoversi nello spazio con il tamburo, poi stop ognuno crea una statua, di nuovo si suona il tamburo e si crea una nuova statua, uno passeggia in mezzo alle statue, si ferma dietro a

qualcuno e copia la sua postura, l'altro cammina e visita il museo delle statue e si mette dietro un'altra persona ecc.;

- con un partner cercare delle posizioni dove ci si può trovare un equilibrio insieme e una forma che sia esteticamente bella;

- in due si continua a creare una statua stravagante e gli altri dicono cosa potrebbe essere e le danno un nome;

- sono in due, uno fa lo scultore e l'altro il modello, una volta creata la statua, la tocca con un dito per svegliarla e l'altro descrive il suo stato emotivo in quella posizione;

- sono in tre, uno fa da scultore e gli altri due sono i modelli e in fine il gruppo dà un nome all'opera e da lì parte una piccola scena senza parole;

- uno fa una postura che rappresenta una determinata

scena, un altro va dietro di lui e riprende la postura ma rappresentando un'altra scena.

2.7 La fiducia

La riscoperta di sé stessi e la capacità di individuare nuovi modi di comunicare avviene attraverso il gioco, il rovesciamento dei ruoli prestabiliti grazie all'uso delle tecniche teatrali che implicano la relazione con gli altri partecipanti del gruppo, l'uso dell'ironia, la fiducia nell'altro e la voglia di mettere a nudo delle proprie emozioni.

Prima di iniziare un vero e proprio lavoro di improvvisazione teatrale e giochi di ruolo, dovremmo sviluppare la fiducia in noi stessi e negli altri.

Esercizi:

- lasciarsi condurre dal compagno nello spazio tenendo gli occhi chiusi;

- uno è davanti e l'altro è indietro, quello che è davanti si deve lasciar cadere indietro e quello dietro lo deve prendere;
- stare in cerchio, uno improvvisa un gesto e lo passa al prossimo, l'altro lo trasforma ecc.;
- a turno andare al centro del cerchio e guardare uno ad uno i compagni negli occhi;
- formiamo un gruppo e trattiamo il tema della fiducia nel gruppo, che cosa è importante per sentirsi bene in un gruppo? Si sceglie poi due parole e si crea un'improvvisazione con queste due parole, può essere con o senza parola, con movimenti spontanei e statue.

Un modo per iniziare prima di entrare pienamente in scena è il lavoro con lo specchio e la pantomima. La prima tecnica ci aiuta a mettere in scena in relazione con un'altra persona. La tecnica della Pantomima è una rappresentazione scenica muta, affidata esclusivamente all'azione gestuale, talvolta accompagnata da musica o da voci fuori campo. Infine si lavora con la tecnica della maschera neutra. La maschera neutra è un valido strumento per approfondire l'espressione corporale.

2.8 Lo Specchio

- uno guida e fa dei movimenti lenti e l'altro li copia, poi rispondere con dei movimenti opposti;
- con gli occhi bendati cercare di sentire l'altro che guida e provate di fare intuitivamente gli stessi movimenti;
- uno fa dei movimenti e l'altro rappresenta la sua ombra;

- fate, con movimenti lenti, delle smorfie e figure corporee strane ed esagerate;
- chi guida, fa delle domande allo specchio e lo specchio risponde;
- la persona A è triste e lo specchio B deve trasformarsi in un'immagine opposta come in questo caso in gioia, si continua con altri sentimenti come rabbia – pace, gelosia – compassione, ecc.

2.9 La Pantomima

- la valigia misteriosa: ognuno tira fuori una cosa fittizia e la passa all'altro;
- uno fa un movimento grande e l'altro lo copia con un movimento piccolo, il primo lo ingrandisce e l'altro lo imita facendolo diventare più piccolo.

2.10 La consapevolezza dello spazio

La consapevolezza dello spazio è un altro aspetto importante nell'improvvisazione teatrale e consiste nella resa di coscienza della propria postura, della gestione del proprio corpo e della condivisione dello spazio.

Esempio:

- vengono messi degli oggetti dispersi nello spazio, camminando ognuno si ferma e le tocca, sente e decide quale oggetto che li piace di più e lo prende, poi uno alla volta si presenta andando in centro dello spazio, guardando tutti negli occhi e salutandoli, poi presenta in modo più originale possibile come vuole il suo oggetto e prendendo in considerazione lo spazio.

2.11 Mettersi in gioco con la maschera neutra

La maschera neutra è un valido strumento per approfondire l'espressione corporale. Indossando una maschera inespressiva, ci priviamo di quel mezzo di comunicazione privilegiato, e fondamentalmente più facile da usare, che è l'espressione del volto e siamo quindi costretti a prestare maggiore attenzione al resto del corpo come veicolo di comunicazione.

La maschera ha inoltre una funzione protettiva che ci aiuta a superare le inibizioni di fronte ai compagni di lavoro e favorisce la spontaneità.

La maschera neutra può esser utilizzata in molti giochi di improvvisazione e drammatizzazione. Proponiamo alcuni suggerimenti per imparare a conoscerla:

- lavoro individuale di ricerca solo corporeo con la machera neutra, si cercano tutti i tipi di movimenti possibili con il corpo senza ripetersi;
- raccontare con la maschera neutra e parole una breve storia o favola trasformando la maschera in 3 diverse cose;
- gioco della marionetta con la maschera in due, uno è immobile, l'altro lo muove toccandolo in piccoli parti del corpo, la marionetta alza il braccio o le gambe;
- improvvisazione con la maschera e un giornale (non usandolo come si usa normalmente);
- improvvisare la nascita della maschera;
- improvvisare con una maschera neutra senza parola definendo un luogo (cimitero, manicomio, circo...);
- ognuno presenta a modo suo cosa significa per lui la maschera;

- mettere per terra una 30ina di maschere e uno alla volta entra e improvvisa qualcosa, poi si potrebbe far entrare da due a più persone che oltre a interagire con le maschere, entrano in contatto con gli altri;
- lavoro in gruppo di ricerca con la machera neutra, vestiti e oggetto con una frase a scelta.

2.12 Voce e suono in movimento

La voce non è altro che il prolungamento del nostro corpo. Si utilizza il corpo come un grande risuonatore attraverso delle azioni concrete.

- uno è in mezzo e uno alla volta dal cerchio fa un suono e la persona in centro associa con un altro suono, una volta che tutti l'hanno fatto, un'altra persona va in centro;
- ci si passa una palla immaginaria accompagnata con dei suoni, ognuno cambia suono;

- uno di fronte all'altro, uno fa un suono e l'altro fa un movimento;
- creare un suono, l'altro lo riprende e lo trasforma in un altro suono;
- la macchina meccanica sonora: locomotiva, orologio, trattore, fiat 500...ognuno è una parte di un ingranaggio che si crea insieme con movimenti e suoni;
- creare un suono mettendo l'attenzione sulla testa, pancia, petto, nasale, voce grande, piccola, vento, bosco, mare, nuvole, stelle;
- diversi strumenti fanno la base e uno improvvisa con la voce;
- riscaldamento con i vocali, ognuno fa qualcosa spontaneo con la voce e un movimento e tutti gli altri lo copiano; si fanno 3 proposte con la voce e il corpo senza guardare l'altro; uno inizia una proposta vocale

e la tiene sempre uguale e l'altro cerca di entrarci con un'altra proposta che ci sta bene, smette il primo e entra un terzo e cerca di fare un'altra proposta che sta con la seconda ecc.;

- tutti in cerchio, si crea una base con una Om e una persona sta in mezzo canta con la parola Yam (mantra del cuore);

- cantare con le vocali a e i o u, ognuno fa un suono fina a formare un coro e alla fine lo si tiene per un minuto;

- scioglilingua: tigre contro tigre, 33 tigri entrarono a Trento tutte e 33 trotterellando, sopra la panca la capra canta sotto la panca la capra crepa;

- ognuno sceglie una frase qualsiasi e la dice con una tonalità originale, gli altri la copiano;

- ognuno sceglie una frase qualsiasi e la dice con una tonalità originale, gli altri copiano la stessa tonalità usando però la propria frase;

- si crea un coro con l'OM e, a turno, uno alla volta va al centro emettendo la frase scelta improvvisando una melodia;

- ci mettiamo in due cerchi e creiamo due cori, un cerchio più piccolo si mette in mezzo e si fa un unico coro, si può lavorare con l'OM oppure con le vocali.

2.13 Improvvisazioni e giochi di ruolo

A questo punto siamo pronti a buttarci a capofitto nel mondo delle improvvisazioni vere e proprie prima di tuffarci nella parte teatrale più profonda, la drammaterapia.

Esempi:

- uno racconta una storia, l'altro gestisce il dialogo facendo delle domande e cercando dei dettagli;

- si crea una scena dove ci devono essere queste tre caratteristiche: aspettare, cercare e pensare;
- si hanno a disposizione 7 oggetti immaginari per creare una storia: orologio, libro, sedia, occhiali, compasso, balla e telefono;
- si stabilisce un'azione comune (entrare e sedersi su una sedia, rispondere al telefono, scrivere una lettera...), ogni partecipante esegue l'azione inventandosi una sua motivazione e un suo personaggio;
- cambiamento di status sociale: uno fa il medico e l'altro l'infermiera, l'avvocato e la segretaria, il manager e l'impiegato, ecc.;
- al cinema: tutti sono seduti in fila e guardano un film con attenzione e con lo stesso sentimento, il sentimento aumenta fino all'estremità;

- sala da bagno: uno inizia a lavare i denti, entra un altro lavandosi il viso, entra un terzo che prende il posto del primo e trasforma il movimento, ecc.;

- viaggio: due persone s'incontrano nella sala d'attesa o nel bus e tutte due hanno fatto per caso lo stesso viaggio e ne parlano, solo che uno ne ha fatto un'esperienza negativa e l'altro positiva;

- i partecipanti si dispongono a copie e rapidamente stabiliscono una situazione di incontro che poi mimano di fronte agli altri (due innamorati che si incontrano, una persona che ne saluta un'altra scambiandola per una terza, due nemici...)

CAPITOLO 2

2. La Drammaterpia

Uno dei principi fondamentali della Drammaterapia è quello dell'"avvicinamento attraverso il distanziamento": mentre il paziente sul palcoscenico "agisce come se..." e si cimenta con situazioni e ruoli fittizi, egli prende le distanze dalle situazioni quotidiane e dai problemi che lo riguardano.

Landy scrive nel suo testo che: "Il concetto di distanza in Drammaterapia indica la misura del coinvolgimento affettivo/cognitivo del cliente nel lavoro drammatico. Il punto ottimale di coinvolgimento è descritto come distanza estetica, un equilibrio di affetto e cognizione." [22]

---

22 Il concetto di ruolo in Drammaterapia Robert J. Landy. Tratto dal volume: Essays in Drama Therapy. The Double Life., Jessica Kingsley Publishers, 1996. Cura e revisione di Salvo Pitruzzella. Traduzione di Ezio Grassi

"All'interno della cornice protettiva della 'finzione' e quindi nella distanza del ruolo che si impersona, è possibile sperimentare e riconoscere emozioni, ruoli, relazioni e pensieri. Questo permette di riattraversare in modo creativo la propria condizione, allontanandosi da rigidi schemi di comportamento per scoprire nuovi modi di trasformare la propria realtà."[23]

Il dramma quindi serve per insegnare, capire l'essere distaccato.

Potenziare la creatività e le abilità espressive del cliente, usare le strutture del teatro, focalizzare l'attenzione sull'espressione simbolica delle emozioni e della comunicazione non verbale, sono metodi che

23 http://www.facciamoneundramma.org/Drammaterapia

fanno parte dell'approccio della Drammaterapia.

Nel 1979 la "British Association for Dramatherapists" ha proposto la seguente definizione:
"La drammaterapia aiuta a comprendere e alleviare i problemi sociali e psicologici, inclusi le malattie mentali e l'handicap; facilita l'espressione simbolica attraverso la quale l'individuo (sia da solo che in gruppo) entra in contatto con sé stesso, per mezzo di attività creative strutturate che coinvolgono la comunicazione verbale e fisica."

In Wikipedia troviamo questa definizione di Drammaterapia: "La drammaterapia è una metodologia attiva ed esperienziale, mirata a facilitare la capacità del partecipante di raccontarsi, risolvere problemi, stabilire delle mete, esprimere emozioni in maniera appropriata, raggiungere la catarsi, approfondire ed estendere l'esperienza del proprio mondo interiore, migliorare le competenze e i rapporti interpersonali e rafforzare la flessibilità nel rappresentare ruoli nella vita personale e al tempo stesso accrescere la flessibilità tra ruoli."

In realtà, non è facile dare una giusta e breve definizione di una disciplina che sin dall'inizio si caratterizza per il suo estremo eclettismo[24], sia per quanto riguarda le fonti di riferimento, che coinvolgono entrambi gli ambiti teatrali e terapeutici, sia gli strumenti usati, che spaziano dall'ambito teatrale a quello, più sfuggente e impreciso, della drammatizzazione.

---

[24] *L'eclittismo indica l'atteggiamento di chi sceglie in diverse dottrine ciò che è affine e cerca di armonizzarlo in una nuova sintassi (Wikipedia).*

Il drammaterapeuta italiano Salvo Pitruzzella descrive la Drammaterapia come: "una terapia creativa, centrata sull'uso artistico dell'immaginazione e sull'uso espressivo del corpo, centrando apparentemente l'attenzione sul processo artistico più che sul risultato terapeutico".[25]

Ci sono tre ambiti che toccano la Drammaterapia: l'ambito terapeutico, educativo e formativo. Gli aspetti che accomunano questa disciplina sono: la relazione e la creatività. Cos'è la creatività? La creatività è la fantasia, il creare qualcosa che non c'è e della quale hai bisogno, è la capacità di vedere qualcos'altro di originale, la scoperta, trovare delle soluzioni, esprimere la propria natura, saper improvvisare, non avere vincoli, è la libera espressione

---

[25] *Drammaterpia, Pitruzzella, pag. 10*

del Sé.

Iniziamo proprio con un esercizio diviso in tre parti di drammaterapia collegato alla creatività:

2.1 La creatività

1. Uno rappresenta la creatività e l'altro gli parla e la carezzi.

2. Poi si passa alla parte più attiva dove uno rappresenta sempre la creatività, un altro è l'ostacolo e uno ancora la risorsa. La creatività è l'obbiettivo che bisognerebbe raggiungere. Uno alla volta entra in scena e cerca di raggiungere la creatività. C'è l'ostacolo che cerca di impedirglielo e la risorsa che lo aiuterà. Infine dovrebbe arrivare alla creatività ma certamente con delle difficoltà che possono essere meno o più grande.

3. Ognuno scrive una frase riguardo a ciò che ha vissuto, poi ci si mette in due, si discute sulla frase che si ha scelta e la creatività, poi si mette in scena in due una piccola scenetta usando la frase.

2.2 Autopresentazione

Si sceglie un partner e ci si mette seduti su una sedia, uno di fronte all'altro e si racconta la propria storia (5 minuti a testa) usando anche le foto personale che si hanno portato di sé, l'altro deve ascoltare molto bene perché deve presentare l'altro al gruppo con la forma "Io" (come se parlasse di sé stesso) mettendosi dietro la persona e toccandogli le spalle.

2.3 Le 4 personalità fondamentali

Mettendo in scena questi 4 archetipi, impariamo a conoscerci meglio e a capire su quale elemento è consigliabile lavorarci ancora su. Si possono capire tante dinamiche nelle diverse relazioni che ci circondano. Ideale sarebbe integrarle tutte 4 in modo armonioso con sé stessi o completandole con un partner.

I 4 elementi sono alla base del nostro mondo e li possiamo ritrovare ovunque. Gli esseri umani sono un mix di questi 4 elementi e questo si può anche vedere riflesso nelle personalità. In teoria il mix dovrebbe contenere la stessa quantità di ogni elemento, ma in pratica le cose sono differenti perché normalmente c'è sempre un elemento predominante.

Terra

Le persone che hanno l'elemento Terra predominante sono persone serie, con i piedi per terra, amici affidabili, lavoratori instancabili, fedeli compagni, perseveranti e coerenti e hanno una forte volontà.

Acqua

Le persone che hanno l'elemento Acqua predominante sono persone molto socievoli, piacevoli, sensibili ed accondiscendenti. Come l'Acqua prende la forma del contenitore in cui viene versata, stanno bene dovunque e con tutti e si adattano ad ogni situazione.

Fuoco

L'elemento Fuoco rende le persone calorose ma irascibili, istintive ed impetuose, focose ed imprevedibili, sanno farsi voler bene ma allo stesso tempo sono anche bravi a farsi odiare. Amanti del sesso e delle avventure, sono dei ribelli che mal sopportano le regole. Sono impulsivi e vogliono tutto e subito, amano essere al centro dell'attenzione e farsi notare.

Aria

L'Aria invece, al contrario della Terra, dà alle persone una leggerezza che non passa inosservata, le persone Aria hanno sempre la testa tra le nuvole, sono fantasiose, si innamorano facilmente e altrettanto facilmente cambiano idea e opinioni, amano la libertà e sono difficili da incatenare e difficili da comprendere. Sono curiose, amano viaggiare e sono molto attratte dalla spiritualità.

È facile riconoscersi un po' in tutti e 4 gli elementi, proprio perché in noi ci sono tutti e 4 e poi naturalmente queste personalità possono mescolarsi tra di loro con diverse concentrazioni.

Usiamo questi tipi di significati per descrivere le persone, di solito in senso negativo. Una persona di fuoco potrebbe essere piena di rabbia e avere la tendenza a bruciare coloro che gli stanno attorno. Una persona di Terra è stabile e seria, ma anche lenta e bloccata in un unico luogo. Una persona ariosa è incline ad essere volubile, fantasiosa, e molto spesso svolazza da una grande idea a un'altra. Una persona acquosa è empatica, ma può essere debole ed emotiva.

Combinazioni e interazioni tra elementi possono risultare interessanti. L'Aria può spegnere una candela o soffiare sul Fuoco facendolo bruciare con più forza. La Terra può soffocare un incendio o essere consumata da esso. L'Acqua può spegnere un incendio o diventare vapore. La Terra è in grado di bloccare il vento, o essere soffiata intorno come semi portati dal vento. L'Acqua e l'Aria possono formare le onde, increspature o getti d'acqua. La Terra può essere drenata dall'Acqua o contenerla in un lago o in una piscina.

La mancanza di Fuoco può rendere qualcuno lento, impassibile e freddo. La mancanza di Aria può rendere qualcuno privo di fantasia, sconsiderato e lento a cambiare idea. La mancanza di Terra può rendere qualcuno instabile, scollegato dalla realtà e traballante. La mancanza d'Acqua può rendere qualcuno privo di emozioni, insensibile e crudele.

2.4 Heart Voices

La voce ci parla inevitabilmente della persona che abbiamo davanti, di quale sia il suo stato d'animo, l'essere o meno in un ruolo, le sue intenzioni e il suo stato emotivo e affettivo di quel momento preciso. Ogni cosa traspare dalla voce, persino i silenzi e le pause indicano vissuti emotivi e fisici. La storia di una persona è segnalata nella sua voce. Ricordi, vissuti drammatici e difficili, tensioni, rabbia repressa, traumi infantili, paure, richiesta d'amore, sono inscritti nella persona, nel suo corpo e nella sua voce, in quei tanti toni e modulazioni sonore che danno colore allo sfondo. La voce, per sua natura, è un movimento dinamico dentro-fuori, è relazione, è un "risuonare con" e trova la sua ragione d'essere proprio nel manifestare l'identità e quindi l'unicità della persona e della sua storia.

Il lavoro sulla voce si avvicenda sempre tra una dimensione di indagine personale sulle proprie "ferite" e una dimensione più "tecnica" di allenamento fisico e di messa in atto di esercizi adeguati. Il congiungersi dell'elemento psicologico e terapeutico con quello pratico e artistico è essenziale per una reale esperienza e conoscenza della propria voce.

2.4.1 Entrare nel tempio del cuore sacro

Rilassatevi, respirate profondamente e focalizzate l'energia nel Chakra del cuore. Adesso, immaginate l'energia che sale attraverso il Chakra della gola e il Chakra del terzo occhio e apre il Chakra della corona. Sentite di essere aperti per ricevere la Luce.

Poi, riportate l'attenzione al Chakra del cuore e lasciate che l'energia scenda verso il Chakra del plesso solare, il Chakra sacrale e il Chakra della radice. Immaginate poi che scende nella terra, fino ad arrivare al cristallo che si trova al centro della Terra. E adesso vi sentite radicati e in grado di trasmettere la Luce sacra della terra durante il vostro lavoro.

Ora, visualizzatevi in piedi davanti a un bellissimo tempio. È il tempio del sacro cuore. È il vostro stesso cuore e la vostra stessa realtà interiore.

Immaginate di entrare in questo tempio. Nel momento in cui oltrepassate il portale, vi sentite aprire e riempire il vostro cuore di una luce meravigliosa. Rimanete per un minuto in questo stato di beatitudine. Contate fino a 3 e poi aprite gli occhi e portate con voi questa bellissima energia nel qui e ora.

2.4.2 Meditazione della voce

Un ottimo metodo per apprezzare il silenzio è praticare la meditazione della voce.

Mettiti seduto con la schiena dritta e occhi chiusi. Porta la tua attenzione sul respiro, osservalo mentre entra dalle narici, passa attraverso la gola e arriva ai polmoni. Espira attraverso la bocca, in modo consapevole, ascolta il suono leggero che produce l'aria mentre esce. Inspira di nuovo e ascolta come il suono che produce la tua inspirazione è differente rispetto a quello dell'espirazione. Continua ad inspirare ed espirare ascoltando il suono che produci e immagina che sia un canto. Ascoltalo, è la tua voce.

2.4.3 Sintonizzarsi con la voce del cuore

- in due, schiena contro schiena, uno sussurra un suono delicato e l'altro lo percepisce con il corpo, e poi ci si dà il cambio;

- uno si mette al centro e gli altri stanno intorno e cantano in modo armonico il nome della persona che è al centro;

- cantare il proprio nome, mentre gli altri improvvisano sempre con lo stesso nome;

- tutti si mettono in cerchio e cantano l'OM, mentre uno alla volta si va in centro e s'improvvisa con le vocali: a, e, i, o, u;

- ci mettiamo in due cerchi, uno dentro l'altro, e creiamo due cori: il cerchio grande canta l'OM, mentre il piccolo canta le singole vocali, tutti contemporaneamente;

- sempre con il canto dell'OM di gruppo, mentre che a turno si va in centro e si canta liberamente dal cuore;
- a turno: una persona inizia con un canto libero di breve durata sempre partendo con l'attenzione rivolta al cuore, poi gli altri seguono uno alla volta, ma sempre con un brano corto.

2.4.4 Danza del Cuore

Attraverso gesti armoniosi abbinati al respiro consapevole aiuta a rilasciare tensioni e stress, permettendo all'energia del cuore di fluire nuovamente rinnovata e libera. Una danza rituale che riconnette al proprio centro interiore e al flusso naturale della vita in sintonia con l'esistenza. I gesti si compiono nelle 4 direzioni cardinali, nord-sud-est-ovest, portando dolcemente l'energia individuale verso l'unità anima-corpo-mente contattando i 4 elementi: terra-acqua-fuoco-aria.

Nella prima fase, praticando assieme ad altri, può succedere di essere in alcuni momenti fuori sincronia rispetto al gruppo. Se ciò accade è sufficiente fermarsi un istante e riprendere lo stesso ritmo. Una musica appositamente composta guida i movimenti.

Porta entrambe le mani al petto con i palmi che poggiano sul chakra del cuore (centro del petto in corrispondenza dello sterno e del timo). Percepisci il battito cardiaco, respirando in modo rilassato, senza modificare il respiro. Ogni esercizio delle prime 4 fasi inizia dopo un'introduzione di 4 battute ritmiche. Il cerchio del dare e ricevere inizia:

Direzione Nord

Inspira profondamente e nell'espirare stendi contemporaneamente la gamba e il braccio destro in avanti (con le dita della mano estese il palmo rivolto in avanti). Inspira e ritorna alla posizione di partenza con entrambe le mani sul petto. Ripeti questo movimento con il braccio e il piede sinistro. Ritorna alla posizione di partenza. Ripeti la sequenza seguendo la musica.

Direzione Est-Ovest

Ripeti il medesimo movimento con il braccio e il piede destro, girandoti di lato verso destra e di seguito con il braccio e il piede sinistro, girandoti di lato verso sinistra. Ritorna alla posizione di partenza con entrambe le mani sul chakra del cuore. Ripeti la sequenza seguendo la musica.

Direzione Sud

Ripeti questo movimento con il braccio e il piede destro, girandoti a destra finché non sei rivolto verso il retro. Ritorna alla posizione di partenza con entrambe le mani sul chakra del cuore. Ripeti la sequenza seguendo la musica. Ripeti questo movimento con il braccio e il piede sinistro, girandoti a sinistra finché non sei rivolto verso il retro. Ritorna alla posizione di partenza con entrambe le mani sul chakra del cuore. Ripeti la sequenza seguendo la musica.

Il cerchio

Durante questa fase combina i tre esercizi descritti prima, in modo da creare una sequenza fluida. Ripeti la sequenza.

Tornare a casa

Siediti in posizione rilassata. Inspirando con il naso, permetti all'energia guaritrice della terra di risalire lungo la colonna vertebrale. Espirando con la bocca, lascia che questa energia fluisca di fronte a te e verso la terra (puoi portare le tue mani sul chakra del cuore).

Qui e ora

Stenditi a terra e lascia che la musica ti porti in uno spazio di totale rilassamento. Non c'è nulla da fare, nulla da raggiungere, c'è solo da essere presenti nel "qui e ora", permettendo ai suoni guaritori dei canti armonici di fluire attraverso tutto il corpo.

Campane e Silenzio

Fonditi con il silenzio e lascia che il suono della campana ti riporti indietro; ora sei presente, nel tuo corpo.

2.5 Storytelling

Lo Storytelling, ovvero la narrazione di storie, non è un semplice passatempo. È un'arte antichissima che, come tutte le arti, merita essa stessa di essere raccontata. L'arte di raccontare storie può costruire e plasmare la vita di una sola comunità, ma può anche colmare distanze linguistiche, culturali e sociali agendo da collante tra popoli, favorendo integrazione e dialogo, prevenendo segregazione e pregiudizi etnici.

Con lo Storytelling proponiamo in modo consapevole e mirato metodi narrativi. Partiremo dalle carte per costruire storie, ci ritroveremo nelle storie dell'altro e potremo costruire insieme nuove storie.

2.5.1 Costruire una storia parola per parola

Si passa di mano in mano un oggetto (piccolo cuscino o una palla morbida). Il primo che ha l'oggetto in mano dovrà dire una parola, poi passarlo. Il secondo dirà una parola associata alla prima, passerà l'oggetto e cosi via. Le associazioni possono essere di qualunque tipo; l'importante è che non siano idiosincratiche, legate cioè ad esperienze personali, o a connessioni non condivisibili degli altri senza spiegazioni. Si può fare un altro giro dove le parole non dovranno essere associate, ma dissociate: dovranno, cioè non aver alcun rapporto con la parola precedente mente pronunciata.

2.5.2 Le carte Mythos

Tirare una carta con la mano sinistra e scegliere una parola che ti viene in mente, poi tira il prossimo un'altra carta e associa la nova parola a quella precedente e connessa alla carta, segue il prossimo, ecc..... Si crea una storia fantasiosa. In fine si potrebbe mettere in scena formando due gruppi così che ogni gruppo possa vedere la presentazione dell'altro. Si potrebbe anche mettere in scena con dei pupazzetti.

2.5.3 Le Carte OH

Ognuno tira una carta coll'immagine e la descrive (si lavora sull'intuizione), poi una con la parola (la parte razionale) girando però di novo altra per non farsi condizionare l'altra e raccontare che cosa ti viene in mente leggendo la parola. Poi vedere le due carte insieme e descriverle e dire ciò che ti viene in mente.

Infine associare tutto con la vita attuale e mettere in scena la situazione attuale scegliendo gli archetipi principali che saltano fuori dal discorso.

2.5.4 Le Carte o dell'immagine con delle persone

Mettere tutte le carte o le immagini per terra con la faccia che si vedono. Ognuno ne tira una che li è simpatica e scegliere un partner con quale lavora. Ognuno si presenta con la carta scelta in modo fantasioso e l'altro può fare delle domande di approfondimento. Poi scegliere una carta che non ti piace e fare la stessa cosa. Una carta rappresenta il lato positivo e il lato ombroso di noi. Infine creare con le 4 immagini le 2 personalità di ciascuno con un'improvvisazione in due.

2.5.5 Io sono-Io non sono-Io vorrei essere-non sono

Abbiamo a disposizione una lista con diversi ruoli di persone creata da noi.

Esempio:

Io sono => critico - artista - visionario

Io non sono => vittima - demone - zombi

Io vorrei essere => Clown - guaritrice - rivoluzionaria

Ci interessano 3 termini di ruolo: costruiamo una storia con i tre termini che abbiamo scelto, e interagiamo tra di loro. Ognuno legge la storia che ha scelto al gruppo e si mettano poi in scena due storie formando due gruppi.

2.5.6 Se fossi.... sarei
Chiedere ai partecipanti di esprimere le loro preferenze immaginando di essere una città, un mezzo

di trasporto, un capo di abbigliamento, un colore, un cibo e poi ognuno crea una storia che racconta poi al vicino.

2.5.7 Micro pupazzi

Preparare dei sacchetti che contengono 8-10 pupazzi. Estraeteli uno alla volta dal sacchetto, assegnate un nome al personaggio, definite la sua funzione e procedete nello stesso modo finché tutti i pupazzi sono stati estratti dal sacchetto. Poi in gruppo, tenendo conto delle attribuzioni fatte in precedenza, si costruisce una storia che va messa in scena con elementi semplici di scenografia e utilizzando una totalità di voce adeguata al pupazzo e diversa dalla propria.

2.5.8 Ricordi d'infanzia

Disegnare un oggetto o un animale significativo della propria infanzia (anche in modo estremamente stilizzato). Raccontare ad un compagno, utilizzando il proprio disegno, le caratteristiche del proprio oggetto/animale e viceversa. Raggruppare 4 disegni ed elaborare in gruppo una storia da rappresentare.

2.5.9 Storie per immagini
Ritagliare da riviste di vario genere delle immagini. Scegliere ambienti, persone, animali, oggetti e dar loro un nome. Comporre una sequenza narrativa e fantasiosa incollando su un cartone le immagini e raccontare la storia.

2.5.10 Creiamo le proprie carte

Tagliare un cartono non troppo doppio in rettangoli uguali non troppo piccole né troppo grandi. Tagliare di diverse tipe di riviste tutte le immagini che ti colpiscono. Poi incollarle spontaneamente su un cartone alla volta.

A. Esercizio: descrivi e rifletti ciò che tu vedi e percepisci senza giudizio, non giudicare gli altri e non dare consigli. Le carte vengono usati per la crescita interiore e espressione esteriore.

Iniziare con "Sono quella che ….", diventa la carta e parla attraverso essa…un'altra persona scrive ciò che dice la persona che descrive; l'altro può fare delle domande aperte e non devono essere suggestivi né si deve imporre qualcosa all'altro. Non bisogna neanche mancare di rispetto e bisognerebbe essere molto sensibile e attenti a cosa si chiede. Chi ha fatto il verbale rilegge tutto all'altro e fanno un riassunto insieme.

B. Esercizio: mettere insieme tutte le carte che abbiamo creato. Uno ne tira una e gli altri cercano di interpretarla e prevedere il futuro.

C. Esercizio: un componente del gruppo farà il racconto indicando le immagini corrispondenti e gli altri possono intervenire modificando parti della storia stessa aggiungendo altre immagini. Se lo si desidera si può fare la messa in scena della storia creata.

2.6 Il Clown interiore

Con il termine Clown si considera quello che in lingua italiana viene chiamato pagliaccio (omino di paglia, pupazzo); nel linguaggio corrente, il termine può essere riferito anche ad un modo comportamentale, tipico di una persona poco credibile o avvezza a non prendere sul serio un argomento (non fare il pagliaccio, è solo un clown).

 Similarmente alla maschera il Clown ha, peraltro, una posizione artistica di rilievo nel mondo della cultura e, in particolare, del teatro: è infatti una delle figure basi del circo, tanto da esserne praticamente un emblema.

Nella tradizione circense si possono identificare due figure di clown: il Bianco e l'Augusto (detto anche Dario).

L'effetto comico di una rappresentazione clownesca (che ha dato nome alla clownerie teatrale) è generato dal contrasto di queste due figure. L'uno (il bianco) autoritario, severo, preciso, in grado di fare (il suo costume tradizionale lo vuole vestito di bianco e col cappello a punta); l'altro (l'augusto) incapace, pasticcione e stralunato (abiti fuori misura e scarpe giganti).

Il comico è tutto ciò che spinge al riso aperto, in modo immediato e spontaneo, in quanto la risata nasce dal fatto di cogliere, in qualcosa che si ascolta (una barzelletta) o a cui si assiste (una scena buffa), una situazione di contrasto rispetto alla normalità, una forma di rottura di schemi consueti. La comicità è sempre espressione di gioia immediata e istintiva, nell'umorismo, invece, entra in gioco anche il sentimento, nel senso che si può arrivare a provare una forma di malinconia per la persona o la situazione che in un primo momento ha suscitato in noi il riso.

"Si può praticare il pensiero comico e l'uso delle espressioni comiche, anche per vedere la vita da un altro punto di vista" afferma Miri Ronchetti. Come cercare quella parte comica che è in ognuno di noi? La naturalezza ci permette di usare lo spazio "comico" come luogo dove permettere al nostro "intimo" di esprimersi senza barriere e imitazioni di altri modelli; il rispetto è l'accettazione di quello che pare strano e diverso. Quello che ne deriverà sarà senza dubbio una parte caratteristica individuale, un elemento distintivo di forza. La meta non esiste; esiste solo l'evoluzione: provare a trasformare le insicurezze, i disagi e gli impedimenti personali in strumenti di "trovata" comicità.

Esempi:

- mettiamo una sedia in mezzo e ci sono due Clown, che cosa succede?
- due Clown camminano nello spazio e poi quando si incontrano rimangano attaccati con una parte del corpo assieme, come si sentono?
- da 3 a 4 Clown dormano su delle sedie; si svegliano quando inizia a suonare una musica, aprano gli occhi

e percepiscono l'ambiente; se uno sente un impulso dove vuole presentare una qualsiasi attività lo fa e si cerca di esagerare sempre di più con l'attività scelta;

- un Clown rosso e un Clown bianco s'incontrano e sono dei buoni amici; quello bianco ha una posizione sociale più alta dell'altro e dà degli ordini a quello rosso, quello rosso cerca di seguire gli ordini ma si fa continuamente distrare, continuamente trova nuove vie di distrazione che lo impediscono di seguire gli ordini;

- visione ingenua della realtà: mettersi nei panni di un bambino che vede la realtà in modo ingenuo; creare una situazione drastica con un personaggio ingenuo;

- leale reale: si crea una realtà idealizzata e poi invece si fa vedere come se fosse reale, es. il fidanzato una volta mi trattava come una regina, oggi non mi guarda neanche più.

- camminare in due uno dietro l'altro sempre, quello dietro imita davanti, poi ti fermi, osserva l'altro che cammina, lo segui ancora copiandolo nel modo più esagerato possibile, l'altro si siede e osserva l'altro nella camminata esagerata; il gruppo si ispira dalla camminata e si chiede che tipo di figura gli viene in mente vedendo quella camminata; estremizzare la figura che si ha scelto insieme: si chiede che cosa farebbe una persona così? Dove lo si potrebbe immaginare una figura del genere o dove no? Creare una scenetta in due con questa figura scelta;
- presentare una materia dove si è bravi con il proprio comico interiore uscito nella camminata e con ritmo fino a 5 o 7 livelli, un crescente di esagerazione drammatica organica.

2.7 Il Matto Interiore

Che cosa ti viene in mente riguardo il Matto Interiore e il Folle? In generale il Folle rappresenta un individuo che sta per affrontare qualcosa di nuovo ma grazie alla sua innocenza riuscirà ad evitare possibili problemi.

Il Matto è l'Idiota dostoevskiano, mezzo santo e mezzo pazzo, è il filosofo, l'artista, il poeta incompreso, che cammina senza meta sul precipizio della sua follia. Lontano da tutto e da tutti. Senza averi, ne voleri: è l'inizio e insieme la fine. È il suo stesso percorso: è la Via. È l'andare, il trasmutare, il divenire, l'essere. È il sognatore con la testa tra le nuvole, il suo sguardo è sempre volto in alto.

Il Matto rappresenta l'inizio e insieme la fine, un viandante senza meta alla ricerca di sé stesso, è sempre in viaggio ma senza meta: è l'andare.

Il Matto invita le persone ad affrontare la vita con leggerezza, ad essere spontanee e ad affrontare le cose così come vengono, senza paura di quello che accadrà. Se una persona è animata dalle giuste intenzioni allora non potrà fallire e non le potrà accadere nulla di male.

È un invito a non curarsi di ciò che pensa la gente a fare quello che si vuole senza avere paura del giudizio degli altri. Se ritenete che una cosa sia giusta, fatela.

Esempi:

- uno alla volta entra in scena ed esprime a parole, suono o movimento che cos'è per lui il Matto o un Folle;

- si mette in scena un ingenuo folle, viene definito un luogo (cimitero, manicomio, chiesa, circo, cinema.);

- io e il matto: vengono rappresentato un matto e un protagonista di chi si vuole mettere in gioco e osserva la propria comicità rappresentata spontaneamente;
- lo specchio assurdo: uno difronte all'altro, uno guida e l'altro reagisce; chi guida fa delle domande assurde allo specchio e lo specchio risponde;
- una persona racconta una follia vissuta nella propria vita e sceglie chi la mette in scena in modo più assurdo possibile.

2.8 Il Viaggio dell'Eroe

Il Viaggio dell'Eroe è il viaggio dell'Io per raggiungere l'Autorealizzazione (punto di vista sociale), l'Individualizzazione (punto di vista psicologico) e l'Illuminazione (punto di vista spirituale). Ogni stadio della vita, ogni passaggio cruciale, è scandito dall'attivazione di precisi archetipi. Gli Archetipi li ritroviamo nei miti, nelle legende, nelle fiabe, nei sogni, nelle visioni e nelle espressioni religiose e artistiche di tutti i popoli della terra. Ogni viaggio è un viaggio unico, ognuno segue un sentiero, una via, ma la traccia del viaggio è archetipica, come ci raccontano i miti che sono universali ed eterni. L'Eroe è l'io sano in grado di fare delle scelte e di fissarsi degli obiettivi. Il viaggio dell'Eroe è il tentativo dell'Io di raggiungere e mantenere il centro della propria vita, di diventare il padrone della propria vita, senza permettere che nessun archetipo prenda il commando dalla posizione centrale.

Il senso profondo di questo Viaggio è il raggiungimento del nostro sapere essere un Eroe, vuol dire sapere di essere al posto, nel momento e nel luogo giusto, vuol dire imparare a conoscere i propri talenti e le proprie capacità e capire quale è il proprio fine, non quello che ci è stato attribuito da altri o qualcosa che gli altri si aspettano da noi. In altre parole significa divenire sé stessi.

2.8.1 6PSM (Piece Story making)

Come affrontare una situazione di stress? Disegnare una fiaba su un foglio di 6 quadretti (non è un test della personalità). Disegnare una storia o fiaba su un foglio a 6 quadrati. In ogni quadrato disegnare seguente tema: 1. L'eroe o protagonista 2. La missione dell'eroe 3. Le risorse, oggetto magico, qualità per affrontare la missione 4. Il nemico che ostacola il raggiungimento della missione 5. Come l'eroe si confronta con l'ostacolo 6. Come va a finire. Le immagini 3 e 5 riguardano la strategia che scegliamo per sopravvivere.

Raccontare la fiaba come si vuole e dopo cercare di analizzarla insieme come affronta la persona le situazioni stressanti.

Le possibilità si possono suddividere in 5 modi:

1. affettivo (forza, legami affettivi);
2. sociale (condivisione di valore e intendi);
3. immaginativo (si ferma nella fantasia);
4. cognitivo (cerca di razionalizzare);
5. physical (corre, pugni al sacco, si sfoca).

2.8.2 Installazione

Ognuno porta 4 oggetti connessi allo schema del viaggio dell'eroe: l'eroe (io), nemici interiori e esteriori, risorse e amici e la missione l'obiettivo che voglio raggiungere. Si crea una scena statica su una stoffa che fa da sfondo. Poi uno alla volta racconta la propria storia attraverso l'installazione dalla partenza al raggiungimento dell'obbiettivo.

2.8.3 Costellazioni Archetipiche

Scrivere su dei fogli degli archetipi che si vuole come ad esempio l'artista, l'alchimista, il folle, il clown, l'esploratore, il sognatore, il narcisista, il ricercatore, il mago, ecc..... Mettere in ordine sparso nello spazio i fogli con gli archetipi del viaggio dell'eroe, ognuno cammina nello spazio e scrive qualcosa al riguardo del rispettivo archetipo sui fogli che ha scelto e in fine ognuno sceglie un foglio (archetipo) che riflette il proprio personaggio e poi in due si crea una scenetta con questi due personaggi in tre tappe secondo lo schema sopra menzionato.

2.8.4 Costellazioni con la ruota della medicina[26]

La ruota della medicina potrebbe essere definita cerchio di conoscenza che ricostituisce il tutto e dà potere alla vita di un individuo. A volte viene chiamato il Sacro Cerchio. Attraverso la simbologia della ruota è possibile entrare in contatto e comprendere sé stessi e il mondo, in base al principio fondamentale dei nativi: "Come è dentro, così è fuori". Essa funge da

---

26   https://indianiamerica.it/cultura-indiani/ruota-medicina

specchio infatti guardandola, si può vedere un riflesso dell'universo e del Grande Mistero, la Mente Universale che ha creato tutto ciò che esiste. La ruota è uno strumento fisico, mentale, spirituale ed emozionale che consente a chi ne fa uso di connettersi con la terra e le energie naturali che esercitano un'azione sulla sua vita.

EST è dove risiede lo SPIRITO il cui simbolo è il fuoco o il sole;

OVEST è dove risiede il CORPO (il mondo della Manifestazione fisica) il cui simbolo è la terra;

SUD è dove risiedono le EMOZIONI, il cui simbolo è l'acqua;

NORD è dove risiede la MENTE (Mondo della Logica) il cui simbolo è l'aria;

Conoscendo questo, ognuno di noi può ricercare la o le direzioni che più sente congeniali, dove ci sentiamo più a nostro agio, dove riusciamo a comunicare meglio o a fare determinate cose, e quelle che invece non ci piacciono, in cui sentiamo disagio o siamo più vulnerabili. In questa ricerca però dobbiamo tener presente che il posto che ci rende vulnerabili è comunque il posto in cui siamo più forti.

La costruzione della Ruota di Medicina veniva fatta con le pietre, otto ad indicare le direzioni sacre disposte in cerchio, un secondo cerchio interno di otto pietre delimitava il centro, "la Fonte" ed indicavano le realtà interiori e spirituali. Il centro poteva essere indicato da un cranio di bisonte, infatti il cranio non conteneva solo il cervello dell'uomo ma anche la sua mente e la sua coscienza, quindi il cranio del bisonte serviva per mettersi in comunicazione con Wakan

Tanka, il "Grande Mistero". Ci potevano essere altre pietre a definire le vie dalle quattro direzioni principali fino al centro (di solito due per direzione). Questi bracci della croce così delineati rappresentavano i quattro grandi cammini: a Sud, Amore e Fiducia; a Nord, Saggezza e conoscenza; ad Ovest Introspezione e Trasformazione; ad Est, Illuminazione e Chiarezza.

Esercizio:

Prendete un'immagine che rappresenta la ruota della medicina e poi prendete un sassolino che rappresenta il testimone e il vostro problema su cui volete ricevere una soluzione, mettete questo testimone al centro del cerchio e poi cominciate, andate a est e osservate la ruota e chiedete "rispetto al mio problema che cosa mi dice la mia anima? Quale informazione mi arrivano dalla mia anima, dal mio spirito riguardo a questo problema?" Centratevi e lasciate che l'informazione raggiunga voi. Dopodiché, quando siete soddisfatti, ponetevi verso sud e chiedete alle vostre emozioni che cosa vi dicono riguardo al problema che volete risolvere, che cosa dicono le vostre emozioni? Analizzatele. Andate ad ovest e chiedetevi che cosa vi dice il vostro corpo, quali sono le informazioni che il vostro corpo vi dà riguardo al problema che avete scelto? Dopo questa analisi ponetevi al nord e chiedetevi che cosa vi dice la vostra mente, il vostro intelletto? Quando arrivate al Nord avete già la soluzione.

Potete fare la stessa cosa usando delle persone che rappresentano i 4 elementi e punti cardinali e la persona con il problema entra in centro del cerchio.

2.9 Il sogno della mia vita

Uno rappresenta sé stesso, uno il folle ingenuo, un altro il ragionevole e un altro ancora un sogno da raggiungere; la persona che rappresenta sé stessa parte e cerca di raggiungere il suo sogno della vita interagendo gli altri due.

2.10 La Danza della mia vita

Raccontare 7 tappe importanti della propria vita all'altro. Per ogni tappa si mette un fogliettino con un simbolo per terra. L'altro deve stare molto attendo perché infine dovrà raccontare la le 7 tappe all'altro. Cambio.

Ciascuno presenta al gruppo le proprie 7 tappe con una postura. Tutti insieme riprendere le 7 posture una alla volta ed entra in una danza libera accompagnata con una musica dolce.

Poi scrivere su foglio una fiaba e tutti la leggono in cerchio. Mettere in scena in due le fiabe.

CAPITOLO 3

3. Pittura Zen creativa

Dai vari lavori svolti durante gli incontri di drammaterapia, in particolare il lavoro con le carte, è nata la Pittura Zen creativa. Il termine Pittura Zen creativa si riferisce a quella particolare modalità di dipingere in modo libero, affidandosi al proprio sentire e lasciandosi guidare dall'intuito creativo. Dipingere in questo modo ci dà la possibilità di eludere le trappole del pensiero e bypassare condizionamenti e strutture mentali per lasciare affiorare la nostra parte più autentica e profonda. Attraverso forme e colori raccontiamo ciò che le parole non sono in grado di esprimere, diamo voce a quelle parti di noi alle quali raramente concediamo di manifestarsi.

La nostra energia creativa viene spesso ignorata e spenta da ruoli e situazioni vissute, a poco a poco diventiamo sordi al suo richiamo, così smarriamo la strada e dimentichiamo che siamo esseri creativi per natura.

Lasciare che i pennelli danzino liberamente sulla tela ti dà gioia ed è liberatorio. Questo accende in noi un istinto profondo e ci aiuta a ristabilire un contatto con il nostro fanciullo eterno, l'essenza in noi, quella parte della nostra personalità che resta sempre bambina e che quindi mantiene sempre vivi in noi giocosità, stupore, curiosità, meraviglia e soprattutto creatività. Negli incontri di Pittura Zen creativa abbiamo la possibilità di vivere uno spazio di autenticità e di potenzialità a partire dal quale è possibile rinnovarsi e creare, che è la dimensione del cuore, dove possiamo fare l'esperienza a un livello più profondo nel quale i simboli e archetipi vivono in noi, in attesa di essere attivati e manifestati alla coscienza per portare un messaggio capace di far evolvere positivamente la nostra vita.

Questi incontri servono a ritrovare e conoscere meglio sé stessi e a esplorare nuovi modi di esprimersi, dando voce alla propria anima. Non è richiesta nessuna esperienza di pittura poiché non si dipinge con l'intenzione di fare un bel quadro, ma per comunicare ciò che siamo in modo assolutamente unico.

Di seguito, trovate alcuni temi degli incontri strutturati in questo modo: parliamo di un tema, poi continuiamo con una meditazione guidata, alla quale seguirà un momento piuttosto lungo per pitturare su una tela con colori acrilici e tanto materiale da incollare come pietre colorate, piume, brillantini colorati, conchiglie, ecc., in un luogo semibuio che sarà accompagnato da una musica adatta al tema. Al termine della pittura ognuno parlerà del proprio dipinto. Concluderemo gli incontri con un feedback di gruppo.

3.1 Il Mandala dell'Aura

Che cos'è l'aura? Si tratta di un campo luminoso, non visibile a occhio nudo che circonda tutti quanti gli esseri viventi. È diviso in sette strati o corpi: corpo eterico, emotivo, mentale, astrale, eterico, celestiale e causale. Nell'aura esistono molteplici varietà di colori che possono trasmettere differenti messaggi relativamente alla persona o all'oggetto che circondano. Ci sono innumerevoli varianti, ognuna contenente un messaggio specifico, ma questi sono i colori di base:

- Rosso: il rosso riguarda il cuore, la circolazione ed il corpo fisico. Visto in una connotazione positiva, può indicare un ego in salute; sul lato negativo può riferirsi a rabbia, ansia e ad una natura inflessibile.

- Arancione: l'arancione riguarda gli organi riproduttivi e le emozioni. Visto in una connotazione positiva, indica energia, stamina, creatività, produttività, senso di avventura, coraggio o una natura estroversa. In una visione negativa, può essere collegato a stress attuale, in relazione a dipendenze e debolezze.

- Giallo: il giallo si relaziona con la milza e con l'energia vitale. È il colore del risveglio, dell'ispirazione, dell'intelligenza, della condivisione, della creatività, della giocosità, dell'ottimismo e di una natura sciolta e tollerante. Al contrario, un colore giallo brillante può anche indicare paura di perdere controllo, prestigio, rispetto o potere.

- Verde: il verde è relazionato con cuore e polmoni. Se visto nell'aura, solitamente rappresenta crescita ed equilibrio, e soprattutto, cambiamento. Si riferisce all'amore per le persone, per la natura e per gli animali. Un'aura di colore verde, dai toni scuri o torbidi, indica gelosia, risentimento, vittimismo, insicurezza e bassa autostima.

- Blu: il blu è collegato a gola e tiroide. Le sue associazioni positive includono una natura amorevole e premurosa, oltre ad intuizione e sensibilità. Scure sfumature di blu indicano paura del futuro, di esprimersi o di affrontare o esprimere la verità.

- Viola: il viola si relaziona a testa, ghiandola pineale e sistema nervoso. È considerato come il più sensibile ed il più saggio dei colori. Nell'aura è il colore dell'intuizione e rivela il potere psichico dell'auto sintonizzazione.

- Argento: l'argento è il colore dell'abbondanza spirituale e fisica.
- Oro: l'oro indica illuminazione e protezione divina. Un individuo dotato di un'aura color oro è guidato dalla sua bontà più elevata.
- Nero: il nero estrae energia e trasforma. Tipicamente è indice di una lunga incapacità al perdono o di dolori trattenuti e non rilasciati e può condurre a problemi di salute.
- Bianco: il bianco è uno stato di luce puro e rappresenta purezza e verità. Può indicare la vicinanza di Esseri di Luce.

Meditazione sui colori

Cominciate mettendovi comodi e fate alcune respirazioni profonde e lente per concentrare la mente e calmarvi. Inspirate e riempitevi, con ogni respiro, di uno specifico colore dello spettro, visualizzandolo come se diventasse sempre più vivido per ogni volta che respirate rosso, blu, giallo, arancione, viola, verde, indaco o nero. Ogni colore dovrebbe essere usato nella sua forma pura e luminosa.

Dipingiamo su una tela rotonda in modo libero per sperimentare i colori.

3.2 Il Mandala dello Yantra

Yantra è un termine sanscrito che indica vari tipi di rappresentazioni geometriche dalla forma semplice o più complessa e diagrammi simbolici, utilizzati come supporto nella concentrazione o per favorire l'assorbimento meditativo (samadhi).

Il termine infatti significa originariamente "veicolo", "mezzo" o meglio ancora "strumento/oggetto atto a favorire" un'esperienza o conseguimento mistico (vedi sadhana). Viene spesso utilizzato a supporto della meditazione. In generale, ogni figura divina ha il proprio Yantra.

Meditazione dello Yantra

Scendete una scala di 10 gradini. Adesso contate da 10 a 1 e quando siete arrivati in fondo entrate in uno stato profondo di rilassamento. Poi c'è una tenda nera davanti a voi con il simbolo d'oro dello Yantra. Entrate dentro il simbolo, nel luogo sacro dello Yantra e lasciate emanare della meravigliosa luce che va diritta al vostro cuore. Lasciate fiorire sempre di più la pace e la gioia dentro di voi. Diventate sempre più liberi e incondizionati e ciò vi permetterà un'espressione pittorica intuitiva e creativa. Poi contate da 10 a 1, quando arrivate a 1 aprite gli occhi e vi sentite leggeri, nel qui e ora e pronti per iniziare il viaggio creativo dello Yantra. Rimanete un attimo con la mente il più possibile libera, silenziosa e vuota. Quando lo sentite, iniziate a dipingere. Non è necessario seguire le linee dello Yantra. Siete liberi anche di passarci sopra e cancellarlo. Potete anche usarlo come base di partenza.

3.3 Il Fiore della vita

Il Fiore della vita è stato riscoperto di Drunvalo Melchizedek. È un simbolo antichissimo, che è stato trovato in tutto il mondo ed in ogni cultura. Si chiama Fiore non solo perché somiglia ad un fiore, ma perché rappresenta il ciclo di un albero di frutta. L'albero di frutta fa un piccolo fiore, che attraverso una metamorfosi e diventato un frutto. Il frutto contiene il sé il seme, che cadendo sul terreno poi cresce, diventando un altro albero. E così esiste un ciclo di 5 fasi: da albero diventa fiore, poi frutta, seme e quindi nuovamente albero. Questo è un vero miracolo.

Tutto nella natura fluisce in cerchi e ha un cerchio proprio. Ogni essere umano ha un suo cerchio. Il seme è fatto di 7 cerchi.

Meditazione sul fiore della vita

Mettetevi seduti comodamente o sdraiatevi. Chiudete gli occhi e fate tre respiri profondi, trattenendo il respiro più a lungo possibile. Immaginatevi, ora, di essere un magnifico fiore in un bellissimo prato verde. Questo magnifico fiore, formato di sette cerchi, inizia piano piano a salire verso il cielo, emanando una luce d'orata splendente e un profumo incantevole. Entrate nel primo cerchio, che si trova al centro del fiore, c'è il simbolo del Sole, il centro del Sé, dell'IO SONO. Vi spostate verso il secondo cerchio, che corrisponde al primo petalo del fiore. Dal momento che entri nel secondo cerchio, sperimenti uno stato di apertura, ti senti profondamente in relazione con il mondo, IO SONO il Mondo. Transiterai ora nel terzo cerchio che ti proietta in uno stato dell'ESSERE nel quale ti senti in relazione con Dio. Quando ti troverai nel quarto cerchio, ti sentirai in forte contatto con la madre Terra, il simbolo della materia, IO SONO Creazione. Entrando nel quinto cerchio, ti senti sprofondare nel mondo interiore. Il transito verso il sesto cerchio, è caratterizzato da una forte onda energetica, un flusso d'energia cosmica, che si proietta come la luce di Dio in azione. E infine, eccovi nel settimo cerchio, il primo fiore della vita è creato. Mi apro all'amore di ogni Essere. Fate tre respiri profondi, trattenendo il respiro il più a lungo possibile, e riaprite gli occhi e prendetevi un attimo e poi quando ve la sentite iniziate a dipingere il vostro fiore della vita.

3.4 Il Mandala degli Angeli

Gli Angeli fungono da mediatori tra Dio e gli uomini. Servono da conduttori dell'energia divina. La guarigione angelica avviene su vari piani, essenzialmente sul piano spirituale, e da lì inizia la guarigione del fisico, la guarigione dei sentimenti, della psiche e delle diverse situazioni esistenziali.

Il primo passo verso la guarigione siamo noi stessi a compierlo e, se non siamo in grado di farlo, l'Angelo custode verrà in nostro soccorso per farcelo compiere. Gli Angeli custodi sono entità reali, che agiscono a nostro vantaggio, cioè per aiutarci ad assolvere la missione dell'Anima grazie alla loro intensa Volontà-Amore.

Meditazione dell'Arcangelo Michele

Invochiamo in noi l'energia dell'Arcangelo Michele,

colui che è come Dio, per ritrovare il nostro nucleo di stella e svelarlo a noi stessi per poter essere l'uomo voluto da Dio; allineiamo la nostra volontà alla sua volontà affinché sia anche la nostra.

Nel periodo autunnale, in cui la madre Terra si ritira in sé stessa per preparare e nutrire i semi dello spirito nella nuova stagione della luce, nel silenzio, entriamo nella terra interiore del nostro cuore e chiediamo all'energia dell'Arcangelo Michele, spirito del Dio vivente e Fuoco-Luce, di venire da noi, attraverso il filo d'argento che ci collega alla nostra stella e alla sorgente.

Chiediamo, attraverso il ponte di luce, di attrarre la radiazione dell'Arcangelo Michele e dargli nuova vita attraverso la forma rigenerata dei nostri corpi e dirigendo e colmando l'universo con la sua benedizione.

Percepiamo l'energia oro azzurra dell'Arcangelo Michele entrare nella nostra atmosfera dal punto di luce al di sopra della testa e, all'unisono, nel nostro cuore multidimensionale. Visualizziamo la fiamma azzurra, oro e rosa ardere nel nostro cuore. Vediamo le 3 fiamme che a poco a poco diventano un'unica fiamma contemporaneamente sopra il nostro capo, al centro del nostro cuore e sotto le estremità dei nostri piedi. Sentiamo l'unica fiamma pervadere il nostro arco matrice, ripulendo e trasformando in luce e vita tutto il nostro uovo di luce.

Visualizziamo l'unica fiamma entrare nel vostro corpo a ripulirlo e liberarlo dalle scorie del passato. Percepiamo il fuoco trasmutatore dell'unica fiamma scendere attraverso tutta la colonna vertebrale liberando l'energia del fuoco luce lungo il midollo spinale. Lasciamo salire e scendere il fuoco luce lungo la spina dorsale e osserviamo come attraverso i nostri chakra inonda tutto il nostro corpo fisico e i nostri organi... uno alla volta...

Chiediamo al fuoco luce di essere con la sua amata divina presenza nel cuore di ognuna delle nostre cellule, ripulirle, disgregare l'ombra e trasformarle in luce.

3. 5 Il Mandala della Madre divina

La Grande Madre è una divinità femminile primordiale, presente in quasi tutte le mitologie, culture religiose, rappresentante la terra, la creazione, il femminile come mediatore tra l'umano e il divino.

Lungo le generazioni, con gli spostamenti di popoli e la

crescita di complessità delle culture, le "competenze" della Grande Madre si moltiplicarono in diverse divinità femminili. Per cui la Grande Dea, pur continuando ad esistere e ad avere culti propri, assumerà personificazioni distinte.

Per Jung, la Grande Madre, è una delle potenze numinose dell'inconscio, un archetipo di grande ed ambivalente potenza, salvatrice e distruttrice degli aspetti negativi della nostra personalità, nutrice e divoratrice delle nostre ossessioni.

Preghiera alla Madre di bontà, d'amore e di misericordia

O Madre mia, Madre di bontà, d'amore e di misericordia, ti amo infinitamente e ti offro me stessa. Per mezzo della tua bontà, del tuo amore e della tua grazia, salvami. Io desidero essere tua. Io Ti amo infinitamente, e desidero che tu mi custodisca. Dal profondo del mio cuore ti prego, Madre di bontà, dammi la tua bontà. Fa che per mezzo di essa io acquisti il Paradiso. Io ti prego per il tuo amore infinito, di donarmi le grazie, affinché io possa amare ogni uomo, come tu hai amato Gesù Cristo. Ti prego affinché tu mi dia la grazia di essere misericordiosa verso di te. Ti offro me stessa totalmente e desidero che tu segua ogni mio passo. Perché tu sei piena di grazia. E desidero che io non me ne dimentichi mai. E se per caso io perdessi la grazia ti prego di restituirmela. Amen.

TERZA PARTE

3. LE COSTELLAZIONI RELAZIONALI

La terza parte è la parte dove mettiamo in scena in modo più profondo e intuitivo le nostre vite, partendo dal nostro albero della vita disegnato spontaneamente. Ci lasciamo guidare senza usare la mente, entrando sempre di più nel nostro cuore e ascoltando l'energia che sentiamo.

Questa parte è suddivisa in 10 incontri ben strutturati che si possono utilizzare nel seguente ordine:

1. Incontro: la fiducia, l'accettazione e la protezione

Si racconta spontaneamente una storia inventata dove, uno alla volta, si tira una carta con un'immagine e una parola e si dice una frase che si collega alla carta. Il prossimo sceglie una frase che si connette alla precedente.

Presentazione di sé stessi

Siamo in cerchio e ognuno si presenta spontaneamente rispondendo le seguenti domande:

Chi sei?

Cosa fai nella vita?

Che esperienze di costellazioni o teatroterapia hai avuto?

Qual è la motivazione che ti ha spinto a fare un corso di Costellazioni relazionali?

Che cosa ti aspetti di questo corso?

Come ti senti in questo momento?

Qual è la tua più grande paura?

Si passa una palla ad una persona a propria scelta e si dice che cosa ci connette a questa persona o che cosa si potrebbe avere in comune.

Si fa un secondo giro dove ognuno dice una parola connessa a cosa ci fa sentire protetto o al sicuro.

Ci mettiamo in piedi sempre in cerchio. Una persona forma un gesto con le mani che potrebbe rappresentare simbolicamente la fiducia e lo passa al prossimo. La persona che ha ricevuto il dono, lo trasforma e lo passa al prossimo.

Ognuno sceglie un partner e insieme si sceglie una parola che è in comune riguardo il tema "che cosa ci fa sentire bene in un gruppo?" e si crea insieme una statua, che viene presentata al gruppo uno alla volta. Poi si dice la parola che si ha scelto.

Ognuno disegna un albero spontaneamente in 5 minuti su un foglio. Poi si pensa ad una persona che ci trasmette particolarmente fiducia, una persona o un evento che ci ha trasmesso tanta paura e una persona o evento particolare che ci ha trasformato profondamente; si scrive i nomi della persona o dell'evento sul foglio con disegnato l'albero dove si vuole. Si aggiungono le parole missione, amore, libertà, luce, padre, madre, risorsa e ostacolo. Poi, uno alla volta, si descrive il proprio albero e i vari archetipi. Ognuno riceve un feedback dal gruppo.

Metameditazione: in cerchio, seduti, ognuno dice una parola positiva per il gruppo, che sia connessa alla giornata come ad esempio: pace, gioia, accettazione, ecc.

2. Incontro: il bullismo

Meditazione in movimento del proprio albero della vita: scegliere il posto e l'ambiente dell'albero. Ci sono persone, case, ruscelli, mare, lago, animali ecc....? L'albero cresce e diventa sempre più forte. Facciamo passare le 4 stagioni.

Lavoro in coppia. Ognuno racconta attraverso il proprio albero la propria storia in modo sintetico all'altro e poi ciascuno scrive una fiaba usando il foglio dell'altro. Uno alla volta racconta mettendosi difronte al proprio partner la fiaba inventata per l'altro. Il partner ringrazia l'altro e poi si abbracciano. Tocca l'altro a fare la stessa procedura. Infine, si mettono in scena le due storie combinate.

L'albero del bullismo

Chiudiamo in cerchio con una meditazione silenziosa.

3. Incontro: la morte

Ipnosi regressiva

Ora che siete ben comodi, state per ascoltare attentamente la mia voce per seguire tutte le suggestioni che vi saranno fatte. Imparate come entrare sempre più in profondità. Inspirate profondamente, trattenete il respiro per qualche secondo, espirate. Più vi rilasserete e più profondamente entrate in voi stessi. Lasciate distendere e rilassare i vostri muscoli il più possibile. Cominciate con la gamba destra. All'inizio contraete i vostri muscoli finché la gamba divenga rigida, poi rilassatela dalla punta delle dita all'anca. Contraete in seguito i muscoli della gamba sinistra, rilassandola poi dalla punta delle dita all'anca. Mettete a riposo i muscoli addominali, poi i pettorali e respiratori. Ora si rilassano i muscoli dorsali, poi quelli delle spalle, i deltoidi, e quelli della nuca. C'è spesso una certa tensione in questa regione. Rilassate tutti questi muscoli. Ora è la volta delle braccia, dalle spalle alla punta delle dita. Anche i muscoli del viso stanno per rilassarsi. Questo rilassamento è assai piacevole e confortevole. Lasciatevi andare completamente e godete di questo rilassamento. Tutte le tensioni sembrano uscire da voi e vi sentite ben presto pervaso da un senso di liberazione e di benessere.

Più vi rilassate, più entrate in profondità. Le braccia e le gambe cominciano a pesare. O al contrario, il corpo vi sembra molto leggero, come se fluttuasse mollemente su di una nuvola. Immaginatevi ora di essere in cima a delle scale. Io conterò da 1 a 10. Quando comincerò a contare, immaginate di scendere le scale, il solo conteggio vi porterà sempre più a fondo. Dieci – voi mettete il piede destro sul primo scalino e cominciate a scendere. Nove – otto – sette – sei-. Voi scendete sempre più profondo con ogni numero. Cinque – quattro – tre. Ancora più profondo. Due – uno. Ora scendete al piano inferiore e state per scendere ancora, ad ogni nuova inspirazione. Vi sentite così riposato e così pieno di benessere.

Lasciatevi andare ancora. Prendete coscienza della vostra respirazione; ora essa è probabilmente più lenta. Ora respirate di più con la parte inferiore dei polmoni in una respirazione diaframmatica.

In un istante, vi sentite molto leggero, senza peso, libero, rilassato, felice... ecco arrivare una nuvola bianca, vi ci potete adagiare sopra dolcemente... è una sensazione piacevole, distensiva, mentre guardate il cielo e il panorama. Il tempo sembra essersi fermato... il tempo è come se non esistesse... siete oltre il tempo, tranquilli e rilassati... completamente rilassati... profondamente rilassati... una sensazione di benessere e di pace vi avvolge... siete tranquilli, calmi e sereni. Site leggeri e contenti su una nuvola bianca... siete calmi e rilassati... concentrati su voi stesso... c'è un bellissimo bocciolo di rosa all'altezza del vostro plesso solare, tra l'ombelico e lo sterno. La rosa è avvolta in una vivida luce bianca i cui raggi di energia aprono dolcemente ogni petalo... la rosa si schiude completamente... se ne vede il centro, il cuore in cui vi penetra la luce, l'energia... questa energia si diffonde in tutto il vostro corpo, portandovi pace, armonia, benessere, tranquillità... dissipando, eliminando, annullando ogni emozione spiacevole... ogni timore... siete sempre più calmi e rilassati... tranquilli... il corpo è sempre più disteso, una sensazione di serenità, di gioia, felicità, pace e benessere si diffonde in ogni atomo, in ogni molecola del vostro essere.

Ora vi concentrerete su un evento dove avete vissuto un trapasso, la morta. Approfonderete la vostra attenzione su questo evento. Ora, lascerete emergere un'immagine. Scegliete l'evento e iniziate ad approfondirlo. Il vostro io cosciente seguirà in modo controllato ogni cosa, controllando bene l'esperienza...

Ogni momento verrà vissuto con serenità... ricordando che le immagini e le esperienze sono come quelle di un sogno. Se avrete un senso di malessere o di agitazione potrete semplicemente sospendere sollevando l'indice della mano destra e in un attimo passerete oltre. Il segnale dell'indice della mano, da un lato è una suggestione che servirà al soggetto nel caso in cui vivrà l'esperienza della regressione in modo sgradevole; da un altro lato, invece, è un avvertimento per l'ipnotista, che in questo caso dovrà intervenire per guidare il soggetto verso una maggiore calma e un maggior distacco.

Vi ricorderete chiaramente di tutto al vostro risveglio solo se lo vorrete. Se, invece, non desiderate ricordare queste esperienze, questo viaggio nel tempo, i ricordi si affievoliranno gradualmente sino a scomparire completamente. Se, invece, lo vorrete, vi ricorderete con precisione di tutte le impressioni e le esperienze vissute durante la regressione, durante il viaggio... e potrete scriverle facilmente su un foglio o su un quaderno. Potreste avere il desiderio di discutere di quanto avete visto, sentito, percepito nelle esperienze, e converserete ma solo dopo aver riempito adeguatamente i fogli della vostra relazione, quindi potrete parlarne senza disagi né turbamenti. Parlerete con disinvoltura e interesse. Sarete sempre calmi, sereni e contenti.

State per tornare all'epoca attuale... tra un po' vi sveglierete con una profonda sensazione di serenità... di tranquillità e di pace interiore... di luminosa gioia, di sorridente felicità. Tutti gli eventuali ricordi ed elementi sgradevoli sono attenuati... o scomparsi.

Ogni eventuale fastidio si cancella come fosse la scritta su una lavagna che viene spazzata via col cassino.

Concentratevi ora che lontano nel cielo, vedete una sfera di energia dorata, brillante... è molto lontana... questa bolla di forza si avvicina, attraversa l'atmosfera della Terra... attraversa l'emisfero nord e penetra in voi dalla sommità del capo... porta grande energia, vitalità, forza, salute, coraggio, gioia, allegria... una sensazione di benessere si diffonde del corpo e nella mente... si diffonde in ogni atomo, in ogni molecola, in ogni organo, in ogni apparato, in ogni sistema del corpo... che si lascia andare al benessere assoluto, all'energia e alla forza.

Ora conterò da uno a dieci e con ogni numero potrete risvegliarvi gradualmente. Al 10 aprirete gli occhi e sarete ben svegli, vigili e rinvigoriti e vi sentirete benissimo. Aprite gli occhi, siete completamente sveglio, totalmente sveglio. Ritornerete in possesso di tutte le vostre facoltà fisiche e mentali. State bene, vi trovate a vostro agio in uno stato di calma e di completo relax.

Ognuno racconta ciò che ha vissuto al gruppo e poi aggiunge un simbolo connesso a questa esperienza nel disegno dell'albero.

L'albero della morte

La protagonista sceglie dei pupazzetti per ogni personaggio e le posiziona in modo spontaneo nello spazio. Poi li raccoglie, si gira intorno a sé, chiude gli occhi e li lascia cadere dietro di sé nello spazio. Tutti insieme raccontiamo ciò che percepiscono. Poi facciamo riaccogliere di nuovo tutti i pupazzi e fare la stessa procedura. Tutti dicono ciò che le immagini della scena trasmettono. Osserviamo in particolare ciò che è cambiato. Dopo mettiamo in scena la situazione da sbloccare con i partecipanti del gruppo oppure si rifà la terza volta la stessa procedura chiedendo la soluzione.

La persona che ha costellato viene messa in mezzo ad un cerchio e tutti gli altri cantano l'OM. Uno alla volta si canta o si dicono delle belle frasi di sostegno e di coraggio alla persona in centro.

4. Incontro: il vecchio Amore

Meditazione

Mettetevi comodi, schiena diritta e occhi chiusi. Inspirate ed espirate profondamente e lentamente. Inspirate luce e amore nella spina dorsale, espirate verso il centro della terra, inspirate luce e amore nella spina dorsale ed espirata verso il cielo. Ripetete per 3 volte partendo dal centro del cuore. Poi inspirate nel centro del cuore luce e amore. Mettete l'attenzione nel centro del cuore e rispondete a queste quattro domande: Chi sono? Che cosa voglio? Che senso ha la vita? Per che cosa sono grata/o? Rimanete sempre con l'attenzione nel cuore e fate uscire spontaneamente degl'immagini. Respirate ancora una volta luce e amore nel centro del cuore e poi aprite gli occhi.

Mettere in scena

Uno alla volta, ognuno presenta sé stesso, senza parole, solo con la pantomima, rispondendo alle quattro domande. E poi una seconda volta, usando poche parole, parole essenziali che trasmettono la profondità dell'essere.

L'albero del vecchio amore

Il tunnel dei doni: due persone, una di fronte all'altra. Seguono altri due e altri ancora e così via fino a formare un tunnel. La persona che ha costellato passa in mezzo e ognuno la accarezza e le dice qualcosa di positivo e incoraggiante.

5. Incontro: possibile unione tra l'amore universale e l'amore individuale

Purificazione dello spazio con il canto dell'OM, una preghiera oppure dei mantra sul tema dell'amore.

Ascoltare qualsiasi canzone d'amore. Porre poi al gruppo le seguenti domande e fare una discussione insieme:

Che cosa vi ha trasmesso la musica?

A che cosa l'associate?

Che cosa vi fa sentire amate/i?

Che cosa vi manca nell'amore?

Come esprimete il vostro amore verso gli altri?

Che cosa vi separa dagli altri?

Che cosa non è amore?

Quando vi amate?

Può esserci amore nella diversità o nella dualità?

Da chi vi sentite più amate/i?

Quando è stata l'ultima volta che qualcuno vi ha detto che vi ama?

Respirazione di base

Ciascuno si siede comodamente (possibilmente a gambe incrociate sul pavimento) nel proprio spazio. Chiudete lentamente gli occhi e ad ascoltate il vostro respiro. Respirate con regolarità, profondamente, ritmicamente e in silenzio, facendo scendere l'aria dritta nel corpo per 2 o 3 minuti, poi riaprite gli occhi molto lentamente.

Esercizi di contatto fisico

a) Contatto e carezza del proprio corpo accompagnato con il respiro, respiro in tutto il corpo come una carezza, mettete la mano destra sul cuore e la mano sinistra sul primo chakra, sentite l'energia e l'amore proprio trasmettere.

b) In due toccate con la mano destra il cuore dell'altro prima con gli occhi chiusi poi guardarsi negli occhi.

c) Massaggio da seduti a due a due, seduti uno di fronte all'altro, magari a gambe incrociate. Uno massaggia e manipola le dita e le mani dell'altro. Applicate una moderata ma decisa pressione particolarmente alla base di ogni dito. Chi è massaggiato, chiuda gli occhi e si rilassi. Se questo avviene, entrambi dovrebbero concentrarsi sul proprio respiro per alcuni minuti, respirando lentamente e profondamente. Dopo le mani, si tocca delicatamente il viso usando i polpastrelli, massaggiando sulle ossa con delicatezza e decisione, compiendo un movimento circolare. Passate sul cuoio capelluto e sul collo. Fare attenzione ai muscoli della mascella e a quelli del collo, cominciando sotto le orecchie e collegando il collo con le spalle. È bene massaggiare il viso simmetricamente con tutte e due le mani contemporaneamente, infine massaggiare la schiena. Si chiude il massaggio abbracciandosi.

d) Massaggiati dalla pioggia in gruppi, una persona si distende prona sul pavimento, ad occhi chiusi. Gli altri si inginocchiano attorno e picchiettano con le dita molto velocemente, usando tutte e due le mani dappertutto. I colpetti devono imitare il picchiettio della pioggia. È molto rilassante e rianima. Due o tre minuti per ciascuno.

Improvvisazione con le Foto

Scegliete una foto che rappresenta una coppia. In due inventate una storia che nasce attraverso la foto e poi la mettete in scena spontaneamente con o senza parole.

L'albero dell'abuso sessuale

Affetto non verbale

La persona in causa rimane in piedi al centro e chiude gli occhi e tutti gli altri le si avvicinano e le esprimono i loro sentimenti positivi non-verbalmente, in qualsiasi modo. Di solito ci si esprime con gomitate, pacche sulle spalle, carezze, baci. Una tale esperienza di affetto di massa è molto insolita e capita spesso che chi riceve questi gesti e chi li compie si commuovano. Questa reazione è segno di crescita e di salute psichica. Dopo di ciò una discussione non sarebbe proprio d'aiuto, serverebbe solo a rompere l'atmosfera.

Meditazione dell'arcobaleno

Occhi chiusi, rilassatevi. Osservate la respirazione. Inspirate espirate. Espirate e abbandonatevi ai pensieri. Sentitevi leggeri come una piuma. La piuma che è caduta lentamente da una torre alta. Siete la piuma. Vi trovate in un prato sulla montagna. Il caldo sole che carezza la vostra pelle. Gli uccelli che fischiettano. Andate lentamente lungo un sentiero accanto un ruscello che mormora. Davanti a voi un bellissimo arcobaleno. Vi trasmette forza. Vi avvicinate sempre di più. Ci entrate e vi tuffate nel colore rosso. Rosso come il sole che tramonta. Sentite l'effetto della forza del colore rosso. Vi concedete dal rosso. Arriva il colore splendente arancione. Vedete tantissimi bellissimi alberi di arancio. Sentite profondamente l'effetto del colore arancione in voi. Vi sta già aspettando il giallo. Vi trovate su un prato pieno di denti di leoni. Il giallo entra in ogni cellula del vostro corpo e si aprono mille fiori in ogni cellula. Lascatevi penetrare dal giallo, il giallo che lavora per voi. Non dovete fare nulla, solo abbandonarvi al giallo.

Continuate ad andare avanti sul sentiero e entrate nel colore verde. Vedete una piccola radura nel bosco.

È la base di questo prezioso verde. Adesso è diventato il vostro verde. Il vostro prossimo passo va nell'azzurro. Il colore come le nuvole nella primavera. Entrateci e sente l'effetto dell'azzurro. Bagnatevi di azzurro. Continuate ad andare avanti nel blu scuro. Vedete un lago di montagna blu scuro che vi trasmette forza. Fate un bagno in questo meraviglioso lago. Vedete ovunque blu. Andate avanti ed entrate nel colore viola. Vedete un prato bellissimo di fiori di violette. Il viola della guarigione. Un grande beneficio vi evolva. Tutti i colori lavorano per voi. Hanno un grande effetto di guarigione. Poi scendete dal prato della montagna. Il calore del sole vi carezza. Percepitelo. Tutto fluisce così meravigliosamente. Armoniosamente. Inspirate profondamente 2 o 3 volte. Contate lentamente mentalmente da 1 a 10. Piano piano vi svegliate sempre di più. Stiratevi, muovetevi e infine aprite gli occhi e sedetevi in cerchio e tornate sempre di più nel qui e ora. Grazie.

6. Incontro: sogni e viaggio ai confini del mondo

Che cosa sapete del mondo dei sogni?

Ci sono tre stati di coscienza principali nell'esistenza umana, cioè, lo stato di veglia, il sogno e lo stato di sonno senza sogni. Il sogno rappresenta il linguaggio segreto della mente. Passiamo circa un terzo della nostra vita a dormire. Per noi il sonno è come il cibo. Esso sostiene sia il corpo sia la mente. Calma e placa il corpo e rende la mente più fresca e forte. E quindi molto importante utilizzare al meglio il tempo che passiamo a dormire per rigenerare profondamente noi stessi e di riflesso anche gli altri. I sogni sono condizionati dalle nostre esperienze passate, dai pensieri che abbiamo prima di addormentarci, dalla postura corporea, dagli abiti che indossiamo, da ciò che abbiamo ingerito, dai rumori, dai campi cosmo-tellurici, dall'elettrosmog, dalla persona che dorme accanto a noi e dal cuscino su cui facciamo riposare la nostra testa.

Playback di un sogno

Ognuno racconta un sogno ricorrente e mette poi un simbolo che rappresenta questo sogno nel disegno dell'albero. Ognuno riflette per alcuni minuti quale percorso "Partenza-Ostacolo-Risorsa-Arrivo" potrebbe corrispondere al proprio sogni. Poi ognuno cerca un movimento o statua che unisce la partenza, l'ostacolo, la risorsa e l'arrivo combinato con suoni e li dà un titolo. Dopo si formano dei gruppi a 3 persone che dovranno mettere in scena spontaneamente usando i tre titoli in modo dinamico o statico i 3 sogni. Lo possono anche modificare se lo sentono.

Una persona del gruppo va in mezzo e chiude gli occhi e gli altri cantano la frase del suo titolo in modo armonioso.

Il sogno

Una persona sta per terra con gli occhi chiusi. Poi un gruppo forma delle statue che potrebbero rappresentare un sogno qualsiasi, la persona per terra deve aprire per 3 secondi gli occhi. Poi il gruppo toglie le posture. Si chiede alla persona di scrivere ciò che ha visto. Questo si fa per tre volte. Alla fine la persona che sta per terra dice che cosa ha visto e provato.

L'albero dei sogni – Che sogno hai da donare?

Vi mettete per terra nella posizione del feto è vi cullate dolcemente mentre ascoltate il sogno che state facendo. Poi vi svegliate e vi guardate in giro. Scegliete un partner e vi mettete uno difronte all'altro, vi guardate negli occhi. Vi accorgete che siete ancora nel sogno. Il sognatore guarda nello specchio del proprio sogno e vede realizzare il suo sogno, poi gli viene donato attraverso lo specchio il proprio sogno realizzato. Si ricambia il ruolo una volta sei sognatore che realizza il proprio sogno e lo trasmette all'osservatore testimone e una volta sei il testimone, l'osservatore che riceve il proprio sogno realizzato dal sognatore. Ci si ringrazia a mani giunte.

L'albero dei sogni

Cantastorie su un sogno

C'era una volta un magico albero dei sogni che si trovava in un posto strategico dove dovevano passare per forza tutti. Ognuno che passò davanti all'albero dono un sogno così che l'albero brillo ogni volta di più e si formarono tante stelline brillanti di tutti colori. Un giorno passo un cavaliere davanti all'albero, si inchinò e donò il proprio sogno all'albero della vita. In cambio ricevete un frutto che rappresentava tutti i mezzi per realizzare il proprio sogno. Inizio così il viaggio della sua missione. Strada facendo incontro degli amici che lo accompagnavano e lo sostenevano ma incontro anche dei nemici e degli ostacoli (pensieri negativi, parassiti, invidiosi ecc....). Quando finalmente raggiunse il suo sogno, la sua missione, il frutto si trasformò e divenne la sua missione della vita divenendo una bellissima stella nell'albero dell'universo.

Chi ha un sogno da donare al gruppo con gesti suoni ecc. non dirlo...

7. Incontro: l'armonizzazione dei genitori, prima famiglia e seconda famiglia

La forza delle parole

Ognuno sceglie una frase che rispecchia ciò che desidera che la propria vita sia come ad esempio "Desidero essere forte, accolto, accettato e pieno di amore." È consigliabile integrare questa frase nella quotidianità così che può entrare sempre di più nel subconscio. Non suggerirti cose che non vorresti avere. Appena mettete l'attenzione su ciò che non si vuole, iniziamo con il tempo a crederci. Perciò bisogna sostituire certi schemi con la frase preferita. Si possono usare aggettivi che trasmettono emozioni. Il subconscio si base sempre sulle emozioni e le immaginazioni. Usate parole "come" come essere rilassato, andare con leggerezza attraverso la vita. Ciò che emanate, sono i vostri pensieri. Se non siete felice, non emanate felicità. Ciò che vi rende felice sono le parole e i vostri pensieri. Le vostre parole sono lo specchio dei vostri pensieri e immaginazioni e dopo segue l'emanazione.

Autoipnosi

Inspirate profondamente ed espirate chiudendo gli occhi. Concentratevi sulle palpebre. Che cosa succede con le vostre palpebre? Siete ancora rilassate? O svolazzano? Immaginatevi di essere in un bellissimo luogo, un prato, una spiaggia... e osservate ora che cosa succede con le vostre palpebre? Svolazzano? Svolazzano veloce? Magari molto lentamente? Che cosa succede con i vostri occhi? Si muovono? Osservate che cosa succede se entrate in profondo rilassamento? Inspirate profondamente ed espirate ancora più profondamente. Il vostro corpo è rilassato.

Il vostro spirito è rilassato. Formulate ora mentalmente la vostra frase preferita. Inspirate ed espirate ancora più profondamente. Immaginatevi ora il vostro futuro "l'Io desiderato". Come questo vostro Io desiderato dovrà essere. Come lo sentirete? Così come tu lo desiderate. Magari libero, rilassato, sicuro di sé, amato, accettato, pieno di fiducia. Come vi appare? Che caratteristiche esteriori ha? Portate un vestito particolare? Portate dei gioielli? Che taglio di capelli avete? Che effetto ha sugli altri il vostro Io desiderato? Che passioni ha? Cercate di immaginare il vostro Io desiderato in modo più completo possibile, con tutti i sensi. Poi immaginatevi un simbolo che rappresenta questo vostro io desiderato. Può essere un sole, un cuore, un animale, un triangolo, ecc., riformulate mentalmente la vostra frase preferita visualizzando il vostro simbolo. Lasciate entrare questa bellissima energia in voi, lasciatevi penetrare dal suo effetto. Poi conto a tre e poi aprite gli occhi. 1 vi sentite molto leggero 2 lentamente ritornate nel qui e ora 3 aprite gli occhi.

Lavoro del rispecchiare

La protagonista si siede e sceglie due o tre persone che rispecchiano il suo Io desiderato. Le persone scelte si mettano schiena a schiena e si accaneggiano con le braccia così che creano un cerchio insieme. Poi si muovano in una direzione e ogni volta che uno si trova davanti al protagonista, presenta una parte dell'Io desiderato con suoni, smorfie, parole, canto ecc....Uno alla volta ne presenta un aspetto che ci si è messo d'accordo prima integrando anche il simbolo. Il protagonista osserva e vive l'effetto del suo Io desiderato. Infine si condivide l'esperienza.

L'Io desiderato e il talamo (il nostro critico)

Il protagonista sta seduto o in piede e osserva solo la scena e entra in scena più avanti. Uno rappresenta il talamo e un altro l'Io desiderato. Ognuno di questi due si presentano spontaneamente con suoni, parole, silenzi... poi interagiscano uno con l'altro. Il critico chiaramente metterà alla prova il sogno. Infine entra il protagonista che chiaramente vorrebbe raggiungere il suo Io desiderato ma che viene molto distratto e influenzato da talamo. Lo scopo è chiaramente di raggiungere in modo costruttivo allontanando il talamo in modo intelligente senza opprimerlo raggiungendo l'Io desiderato. Condividiamo l'esperienza.

L'Albero delle famiglie allargate

8. Incontro: la solitudine e la depressione

Gioco delle carte OH

Ognuno tira una carta con l'immagine e una con la parola e racconta cosa gli viene in mente prima sull'immagine e poi la parola e poi insieme. Infine associare tutto con la vita attuale.

Costelliamo il tema della solitudine

Il ponte nero collega, fa da ponte tra la dimensione della vita con quella della morte rappresentato con un arcobaleno, un portale in un'altra dimensione, nell'aldilà. Abbiamo lavorato sulla solitudine vissuta male che si associa alla paura della morte, l'insonnia, il non poter dormire accanto a nessuno e avere paura del buio della notte. Un trauma vissuto nell'infanzia derivato dal padre. L'obbiettivo è di armonizzarsi con il padre.

Costelliamo il tema della depressione

La protagonista si trova da alcuni anni in depressione. La carta indica che dovrebbe fare una scelta importante. Ha due scelte o andare avanti come sta facendo o lasciare indietro definitivamente la depressione. La soluzione sembra nascosta ma durante la costellazione si svela il grande desiderio del padre e della protagonista di voler ritornare nel paese dell'origine. Questo porterebbe un nuovo equilibrio nella famiglia ed aiuterebbe superare la depressione.

9. Incontro: oracolo di Ishvara

Iniziamo un viaggio di autoconoscenza con l'oracolo di Ishvara. Si tratta del viaggio che ha inizio con il richiamo dell'anima, quella voce che dal profondo dei nostri sogni sussurra di andare alla ricerca della ricchezza interiore, spirituale e della bellezza della nostra vita nella realizzazione del Sé.

Ognuno tira una carta e in gruppo si costella la carta scelta di ciascuno usando lo schema del viaggio dell'eroe: l'eroe, ostacolo, risorsa e missione.

1. Chi siamo: la memoria (ostacolo) e il testimone (risorsa);

2. Le relazioni umane valide: gli schemi mentali e passato (ostacolo) e il rispetto e la comprensione (risorse);

3. Il dolore, la sofferenza: la mente e il corpo (ostacolo) e il testimone (risorsa).

4. Il tempo: il passato, il presente, il futuro (ostacolo) e la trascendenza (risorsa);

5. Gerarchia e diversità: la separazione (ostacolo) e l'unione (risorsa);

6. Il sogno: l'illusione (ostacolo) e la consapevolezza (risorsa);

7. Lo specchio e le proiezioni: il corpo-mente (ostacolo) e il silenzio interiore (risorsa);

8. Il destino: il nichilismo (ostacolo) e la responsabilità (risorsa);

9. La Maestra, il Maestro: le immagini (ostacolo) e il ricordo (risorsa);

10. Oltre la dualità e la non dualità: la separazione (ostacolo) e la meditazione (risorsa);

11. I mondi paralleli del Multiverso: la mente-corpo (ostacolo) e la meditazione (risorsa);

12. L'impermanenza: il corpo-mente (ostacolo) e la pura consapevolezza (risorsa);

13. La Meditazione: le domande e le risposte (ostacolo) e il silenzio interiore (risorsa);

14. Il mantra Om Namò Ishvaraya Namaha: le regole (ostacolo) e la spontaneità (risorsa);

15. La vita è qui e ora: gli attaccamenti (ostacolo) e il nulla e il tutto (risorsa);

16. Il libero arbitrio: l'ego (ostacolo) e l'volontà divina (risorsa);

17. La mente silenziosa: i concetti (ostacolo) e la fiducia (risorsa);

18. Il piano divino: la paura (ostacolo) e l'abbandono (risorsa);

19. Libertà: i condizionamenti (ostacoli) e il silenzio e il qui e ora (risorsa);

20. Luce: le emozioni oscuri e l'ombra (ostacoli) e la consapevolezza (risorsa);

21. Amore: le paure (ostacoli) e l'accettazione (risorsa);

22. La purificazione del copro e della mente: l'identificazione (ostacolo) e la buona salute e il silenzio (risorsa);

23. La scelta: la confusione e i dubbi (ostacoli) e la volontà divina (risorsa);

24. L'Eternità: il corpo-mente (ostacolo) e la fede (risorsa);

25. L'atto di osservare: separazione (ostacolo), unione (risorsa);

26. L'evoluzione universale: i criteri di valutazione (ostacolo) e la diversità (risorsa);

27. La realizzazione del Sé: le esperienze dirette (ostacolo) e gli eventi che accadono (risorsa);

28. Il Sé: la dualità (ostacoli) e il silenzio interiore (risorsa);

29. L'Assoluto, Dio: la dualità (ostacolo) e la fede (risorsa).

Conclusione

La vita è fatta di cambiamenti e di perdite di ogni tipo, per i quali dobbiamo elaborare il lutto: traumi, incidenti, morti, storie d'amore finite, licenziamenti, bullismo, emigrazione, abusi di ogni genere, ecc. Troppo spesso non abbiamo né l'energia né la capacità di prendere decisioni positive e per questo passiamo il nostro tempo a preoccuparci sempre di più, piuttosto che cercare delle soluzioni. Per superare il lutto è necessario ridarsi la carica, lasciare la presa, perdonare e accettare la perdita.

Le tecniche che vengono proposte in questo libro vi aiutano a riorientarvi e sono una sorta di vitamine emozionali che vanno a ricostituire e rigenerare il vostro organismo e tutta quanta la vostra vita.

Impariamo con dedizione a creare e ad amare, perché l'atteggiamento rassegnato vi porta a non fare niente, a stare sempre immobili. La creatività, al contrario, spinge a fare quello che si deve fare, ovvero la cosa giusta per voi. Quello che fate, lo proiettate. E se lo proiettate, lo ricevete. Tutto ciò che dai al mondo, il mondo te lo dà, te lo restituisce in un modo o nell'altro. È quindi necessario liberarsi, grazie alla creatività, dai condizionamenti del passato per vivere sempre meno nelle proiezioni.

Questo libro vi offre molte chiavi per aprire le porte della saggezza, la quale vi aiuterà nelle vostre scelte future.

Maria Theresia Bitterli

Master of Art in Counseling relazionale, Bachelor in scienza della comunicazione, Costellatrice e Counselor immaginale, Drammaterapista, Musicoterapista, Arteterapista, Master Reiki, Naturopata, Channelor, Medium e Operatrice di

Luce, insegnante di AuyrYoga, Yesudian e Yoga sciamanico, Astrologa, ricercatrice spirituale, ha creato insieme a suo marito Dawio diverse tecniche di crescita personale e spirituale come l'Ishvara Amrita Yoga, Costellazioni Relazionali, Ishvara Healing Meditation, Zen-Satsang e la pittura Zen creativa, conduce diversi gruppi di attività per la crescita personale e spirituale. Ha pubblicato 19 libri.

www.studioishvara.com

FSC

www.fsc.org

MIX

Papier aus ver-
antwortungsvollen
Quellen

Paper from
responsible sources

FSC® C105338